Catequese e formação integral

Competências para a educação na fé

Dados Internacionais de Catalogação na Publicação (CIP)
(Câmara Brasileira do Livro, SP, Brasil)

Mantovani, Regina Helena
Formação integral : competências para a educação na fé / Regina Helena Mantovani, Ariél Philippi Machado, Paulo Cesar Gil. – Petrópolis, RJ : Vozes, 2023.

Bibliografia.
ISBN 978-65-5713-722-2

1. Cristianismo 2. Catequese – Ensino bíblico 3. Educação religiosa 4. Fé (Cristianismo) I. Machado, Ariél Philippi. II. Gil, Paulo Cesar. III. Título.

22-134318 CDD-268.6

Índices para catálogo sistemático:
1. Catequese : Formação integral : Educação religiosa 268.6
Eliete Marques da Silva – Bibliotecária – CRB-8/9380

Regina Helena Mantovani
Ariél Philippi Machado
Paulo Cesar Gil

Catequese e formação integral

Competências para a educação na fé

Petrópolis

Rua Frei Luís, 100
25689-900 Petrópolis, RJ
www.vozes.com.br
Brasil

Diagramação: Victor Maurício Bello
Revisão gráfica: Magda Karolyna da Rosa Valgoi
Capa: Pedro Oliveira

ISBN 978-65-5713-722-2

Este livro foi composto e impresso pela Editora Vozes Ltda.

Sumário

Siglas

AM	Carta Apostólica em forma de *Motu Proprio Antiquum Ministerium*
CIgC	Catecismo da Igreja Católica
CT	Exortação Apostólica *Catechesi Tradendae* - Sobre a catequese no nosso tempo
DNC	Diretório Nacional de Catequese
DGC	Diretório Geral para a Catequese
DC	Diretório para a Catequese
DAp	Documento de Aparecida
DV	Constituição Dogmática *Dei Verbum* - Sobre a Revelação Divina
EG	Exortação Apostólica *Evangelii Gaudium* - Sobre o anúncio do Evangelho no mundo atual
FC	Exortação Apostólica pós-sinodal *Familiaris Consortio* - Sobre a missão da família cristã no mundo de hoje
LG	Constituição dogmática *Lumem Gentium* - Sobre a Igreja
NMI	Carta Apostólica Novo *Millennio Ineunte*
PF	Carta Apostólica sob a forma de *Motu Proprio Porta Fidei*
SCa	Exortação Apostólica pós-sinodal *Sacramentum Caritatis* - Sobre a Eucaristia, fonte e ápice da vida e da missão da Igreja.
VD	Exortação Apostólica Pós-Sinodal *Verbum Domini* - Sobre a Palavra de Deus na vida e na missão da Igreja.

Apresentação

Podemos comparar a formação de catequistas com a pupila dos olhos de uma comunidade de fé. Com frequência, usamos essa comparação para destacar a importância de uma ideia, de um pensamento ou de uma atitude prática.

Quando recebi dos autores as páginas que compõem esta obra, usei a comparação acima. De fato, enquanto exímios estudiosos no campo da formação e apaixonados pelo causa de Jesus Cristo, percebi o desejo que tiveram em reacender, em catequistas e lideranças, a chama do amor ao Divino Mestre, mantendo o foco em uma formação aprimorada e integral.

Com o pontificado do Papa Francisco, após a apresentação da carta de instituição do Ministério de Catequista, houve um avivamento sobre o tema da formação de catequistas. Com a Carta *Antiquum Ministerium*, o Papa Francisco recupera o sentido da transmissão da fé ao longo da história para colocar no centro da atenção da Igreja de nossos dias a relevante tarefa de formar catequistas competentes e perseverantes.

Nesse sentido, as páginas que seguem querem fomentar a formação de catequistas e lideranças nos parâmetros solicitados pelos documentos da Conferência Nacional dos Bispos do Brasil, mas principalmente pela Carta *Antiquum Ministerium*, abrindo um leque de diálogo sobre as várias dimensões que caracterizam a formação integral.

Relevante é a percepção de que a formação antropológica tem como referência a pessoa de Jesus, o humano que vive a experiência do povo na conquista de vida mais digna. O catequista trilha os passos do Mestre e, através de um profundo encontro com Ele, modela sua vida, sua vocação e sua missão.

Na sequência, é digno de destaque a referência à centralidade da Palavra de Deus em todo o processo de transmissão da fé. Hoje, sabendo que essa dimensão é essencial ao desempenho de sua missão, cada catequista precisa se comprometer a conhecer, aprofundar, celebrar, rezar e testemunhar Palavra de Deus de forma constante. E o modelo de testemunho da vocação de catequistas é apresentado na dimensão teológica, cuja referência é a vida de comunhão da Santíssima Trindade. Tendo essa comunidade como espelho, a vivência de fé do catequista acontece com atitudes de acolhida e ternura, de generosidade e singeleza, de comunhão e pertença, de modo concreto nas relações com seu grupo, com Deus e na comunidade.

A dimensão que aflora nesta obra, e que é inovadora na formação de catequistas, é o que chamamos de competências. O *Diretório para a Catequese* e a Carta *Antiquum Ministerium* mencionam a formação por competências para cada catequista viver e desenvolver sua missão. É uma nova abordagem que precisa ser detalhada em *conhecimento + habilidades + atitudes.*

Diante deste panorama, está a proposta ousada e corajosa de se investir na formação integral, tendo no centro a pessoa humana, sua vocação e suas relações que testemunham o amor, a acolhida, a pertença e o acompanhamento.

Destaco, e gostaria de me unir aos autores, quando chamam atenção de se conscientizar catequistas e lideranças para uma "cultura de formação" que seja uma prática habitual e permanente, apostando, ao mesmo tempo, numa formação pessoal e coletiva. Isso, para que os interlocutores tomem consciência de que são protagonistas de suas capacidades e são sujeitos ativos em seus respectivos grupos e comunidades de atuação.

A riqueza deste livro é entender que catequistas e lideranças são chamados a desenvolverem uma grande missão: dar sentido ao que se crê na esperança de tornar visível o testemunho de seguimento de Jesus Cristo nas realidades em que vivemos.

Ir. Marlene Bertoldi, iic
Coordenadora da Animação
Bíblico-Catequética na Arquidiocese de Florianópolis

Carta aos leitores

Querido leitor, querida leitora!

Diante da feliz surpresa para a oficialização do *Ministério Laical de Catequista*, ofício desempenhado na história da Igreja por inúmeras pessoas formadas pelo Evangelho e discípulas missionárias de Cristo Jesus, surge a necessidade de recuperar a mística da vida comunitária, da fraternidade e dos valores do Reino.

Para tanto, a obra almeja contribuir na formação integral de agentes da ação evangelizadora e, especialmente, catequistas, inseridos na comunidade de fé, para exercerem o ministério instituído, na esperança de que "sejam capazes de acolhimento, generosidade e vida comunhão fraterna, recebam a devida formação bíblica, teológica, pastoral e pedagógica para ser solícitos comunicadores da verdade da fé, e tenham já maturado uma prévia experiência de Catequese" (AM, n. 8).

O caminho de uma catequese permanente será consolidado quando pensarmos a formação de maneira integral, despertando para competências (AM, n. 6), tanto na missão da Igreja quanto na pedagogia catequética para atender a nova evangelização.

A proposta desta obra é contribuir para o entendimento acerca das bases necessárias da formação integral do catequista em vista da transmissão da fé e do Ministério de Catequista. Com essa intenção, a obra se organiza em quatro capítulos que contemplam a formação antropológica, bíblica, teológica e a formação pedagógico-catequética, considerando a necessidade de uma catequese adequada, como solicita o Diretório para a Catequese em seu n. 224. E, também, para atender ao n. 8 da Carta Apostólica, pela qual o Papa Francisco instituiu o Ministério de Catequista.

Nosso desejo é de que você e seu grupo utilizem a obra para bem viver e transmitir a fé no seio da comunidade, dando vida ao texto e sentido ao Ministério.

Os autores!

1

Formação antropológica e pastoral

Hoje, falamos de uma maneira mais assertiva sobre a real necessidade da formação integral do catequista. Não basta uma formação meramente doutrinal, é necessário o despertar de novas habilidades, o amadurecimento da fé e o crescimento do autoconhecimento e da autoconfiança. É urgente contar com catequistas preparados e que assumam com competência a missão de levar pessoas a uma vida de proximidade com o Senhor.

Ninguém nasce catequista! O catequista é um discípulo missionário de Jesus Cristo, que pertence a uma comunidade de fé e vai se completando como ser humano e religioso. Com inteligência e sabedoria, torna-se mensageiro da esperança, fala em nome da Igreja e trabalha na construção de uma comunidade acolhedora, fraterna, orante e missionária. Coloca-se a serviço da evangelização.

Ao longo do processo de evangelização, com base na antropologia cristã, vamos descobrindo quem somos e como podemos nos relacionar com o nosso Deus. A humanidade é chamada a buscar o sentido da vida e a identidade de Deus Criador, que nos criou à sua imagem e semelhança (Gn 1,26).

Com o contributo das ciências humanas, sobretudo da antropologia, da pedagogia e da psicologia, podemos reconhecer que a formação da humanidade, em seus aspectos biológicos, emocionais, históricos, sociais e culturais, são processos permanentes, que se desenvolvem em diferentes situações sócio-históricas. Em diferentes contextos, o ser humano pode compartilhar suas alegrias, tristezas, esperanças, conquistas e angústias. Como ser em construção, além de manifestar alegria, é capaz de viver e partilhar o mistério da vida e do amor.

Neste capítulo, vamos refletir sobre a formação antropológica e pastoral dos catequistas à luz dos ensinamentos de Jesus. Ele soube viver e conviver com as pessoas de seu tempo, despertando o desejo de vida nova, pois conhecia a realidade na qual sua gente estava inserida. Toda sua mensagem era fruto de uma experiência de vida junto ao povo, pessoas que estampavam no rosto aspectos sociais, econômicos, políticos, religiosos e culturais, denunciando a fome e a sede, de libertação e de vida digna. Como Jesus, os catequistas podem levar aos seus interlocutores um pouco mais de esperança e ajudá-los para que se reconheçam como sujeitos ativos no processo de amadurecimento da fé. Podem favorecer vivências como experiências de fé e de encontro pessoal com Jesus Cristo.

A formação antropológica e pastoral do catequista contribui para que todos, no ministério da catequese, inseridos num contexto sociocultural, se reconheçam como sujeitos bio-históricos-sociais-culturais-religiosos. A formação integral do catequista garante o comprometimento com o seu ministério, que reforça o valor do acolhimento e acompanhamento no conjunto da vida cristã.

Em todos os projetos formativos, sobre a vida e missão dos catequistas, é importante saber que a nossa realidade concreta nos fala muito sobre o que somos e sobre o que temos para ofertar. Nossas escolhas conscientes nos direcionam para as metas em nosso caminhar. Por isso, buscar os objetivos sempre foi uma tarefa desafiadora para nossa ação evangelizadora, ainda mais em tempos de urgência para a pacificação nas famílias, nas comunidades e na sociedade, gerenciando conhecimento e afetos.

Todos nós, catequistas, vivemos em busca de acender a esperança em meio à tempestade, que ameaça nossa vida de fé, e na missão de anunciar as novidades do Reino, garantindo vida nova para a humanidade. Sobre as tantas ameaças que colocam em risco a liberdade e a dignidade da pessoa humana, o Papa Francisco, por ocasião do 6º Dia Mundial do Pobre, em 2022, falou da crueldade da guerra, da miséria e da fome como tragédias que levam a um cenário que vai além da situação de emergência, pois a humanidade está sendo calada ao implorar por paz.

Mas no meio de um aparente caos, sobrevive a esperança, pois somos homens e mulheres de fé, que ultrapassando as tempestades, avançamos com determinação rumo ao crescimento de vida e de fé pelas vias da docilidade, da beleza, do autoamor e do autoperdão.

Jesus acalmou a tempestade que ameaçava a barca dos discípulos para que sua comunidade reencontrasse a calmaria, aquietasse o coração e sentisse, naquele momento, a presença de Deus (Mc 4, 35-41). Essa atenção e sensibilidade de Jesus transmitiram aos seus discípulos uma real constatação de que sua presença traz vida. Com Ele aprenderam que, estando no mesmo barco, devem cuidar uns dos outros, amar uns aos outros, servir uns aos outros para estabelecer uma fraternidade sem fronteiras. Esses ensinamentos cabem também aos catequistas, seus discípulos de hoje, que se encontram juntos na mesma jornada!

E o que podemos levar em nossa bagagem? O necessário para cada dia: tolerância, paciência, aceitação, respeito, dignidade e empatia. Sempre é bom lembrar as palavras de Jesus: "Tudo o que quereis que os homens vos façam, fazei-o vós a eles" (Mt 7,12).

1.1 Catequese: um compromisso pessoal e comunitário com pessoas

O Ministério de Catequista propõe um compromisso pessoal e comunitário com as pessoas e sua realidade, como fez Jesus. Ele, em sua missão, falava a partir da realidade das pessoas que o escutavam e seguiam seus passos. Jesus enxergava as alegrias e as esperanças de seu povo, também suas dores, angústias e tristezas. Era capaz de escutar os gritos do povo como apelo para o perdão. Pelos caminhos, ouvia pessoas clamando piedade, misericórdia e compaixão. Jesus era capaz de ouvir os gritos aflitos e até os gemidos dos corações feridos. Sua vida, na Palestina, estava comprometida com o povo que esperava vida nova e libertação.

A catequese de Jesus era adequada ao momento e realidade das pessoas: Ele falava conforme podiam entender; apresentava a proposta do Reino; semeava alegria e despertava a fé. Fazia tudo por amor, respeitando a vontade do Pai e os direitos do ser humano.

Hoje, continuamos crescendo na busca de um comprometimento com a realidade do ser humano, não como algo abstrato, mas real e concreto. Isso requer compreender que as pessoas precisam ser acolhidas, educadas na fé, acompanhadas na comunidade eclesial e ter o direito a uma catequese adequada. O catequista, portanto, para realizar uma catequese adequada, junto a seus interlocutores, precisa preparar-se para reconhecer que cada pessoa vive numa realidade complexa e entrelaçada às tramas da vida em seus aspectos psicológicos, sociais, culturais e religiosos.

A educação da fé não é uma tarefa simples. É um compromisso com a pessoa, de modo mais abrangente, oferecendo caminhos que correspondam às suas necessidades, idades e fases da vida. Para isso, é importante considerar a contribuição da psicopedagogia, uma vez que cada fase da vida está exposta a caraterísticas próprias e desafios específicos, podendo influenciar o processo de maturidade religiosa no caminho da fé.

Quando se trabalha com pessoas é urgente saber como se tornar próximo delas; caminhar lado a lado com elas, a partir de suas realidades, e acolher suas motivações iniciais. É nesse caminhar juntos que vamos crescendo no amadurecimento da fé e nas atitudes cristãs, tornando-nos conscientes de nossa identidade como discípulos missionários de Jesus Cristo. O catequista deverá apropriar-se de saberes para valer-se do conteúdo doutrinal e das estratégias para utilizar melhor o tempo, o espaço, a motivação e a interação entre as pessoas e delas com a comunidade eclesial, para o serviço da evangelização. Deverá saber inspirar-se na experiência catecumenal para propor à comunidade um projeto pastoral que priorize (ou evidencie) o valor da pessoa humana, confirmando a dupla fidelidade à mensagem e à pessoa na realidade concreta em que vive.

Uma vez que o catequista se forma para assumir sua vocação de educador e comunicador da fé, seu relacionamento com seus interlocutores precisa ser um compromisso de dedicação e coerência no testemunho de uma vida cristã autêntica, na abertura e disponibilidade para construir relações maduras e saudáveis, na capacidade de acompanhar e mediar a pertença à comunidade em espírito de comunhão. Tudo isso é um grande desafio para o catequista.

O Diretório para a Catequese, em seu número 224, nos fala em direito a uma "catequese adequada", que seja fiel à pessoa em seus anseios e questionamentos, dúvidas e buscas... Para um novo agir catequético, urge nas comunidades catequistas capacitados para um modo de agir atualizado e envolvente; para uma catequese que acolha a pessoa e apresente motivações para o testemunho de vida cristã.

> Caminhando, deixamos marcas no chão por onde pisamos, entrelaçamos os nossos passos aos do Mestre que caminha à nossa frente tornando-nos capazes de experimentar a força de sua presença. O encontro com Ele é capaz de deixar marcas e plasmar a identidade cristã nos que são chamados e atraídos para ser Igreja como discípulos missionários comprometidos com o Evangelho da vida (GIL, 2021, p. 25).

Acompanhando os desafios para os nossos tempos, os catequistas não podem deixar de pensar em tudo aquilo que mantém a pessoa do catequizando em seu merecido lugar: membro da comunidade (cf. Mt 18,2). Sobre essa tarefa para os catequistas, podemos recorrer ao Evangelho de Mateus na passagem que relata a atitude de Jesus ao acolher as crianças e dizer: "Quem se faz pequeno como esta criança, esse é o maior no Reino dos Céus" (Mt 18,4). Não se trata, simplesmente, de colocar a criança em destaque, mas de tornar-se "pequeno" como ela.

Consideremos aqui a expressão "pequeno" como alusão a todos que mantém a genuína simplicidade de quem procura crescer na fé, na vida comunitária e na experiência de comunhão com Deus e com o próximo, sejam crianças, adolescentes, jovens ou adultos. A simplicidade, a ingenuidade, a generosidade e a disponibilidade, que encontramos em nossos catequizandos, precisam ser respeitadas e acolhidas para que avancemos na direção de uma catequese de acolhimento e de interação com a novidade do Reino de Deus.

Mais uma vez, destacamos a importância de catequistas competentes, que buscam apoio numa metodologia que favoreça a participação e a interação de todos. Eis, assim, um grande desafio para a catequese numa Igreja sinodal: propor um caminho que favoreça, com os seus diversos itinerários, uma experiência mística e pessoal com Jesus Cristo, um fraterno encontro entre as pessoas, seja na família ou na comunidade eclesial, mas também um verdadeiro encontro consigo mesmo.

Toda a caminhada catequética necessita sustentar-se na busca do sentido da vida e para uma vida com mais sentido, porque não caminhamos sozinhos. Cristo caminha com a sua comunidade: "onde dois ou três estiverem reunidos em meu nome, eu estou ali, no meio deles" (Mt 18,20). Somos humanos e necessitamos dessa motivação, estarmos reunidos, para buscarmos caminhos que nos conduzam a viver a experiência de fraternidade, perdão, solidariedade, justiça, de encontro com outro e com o Senhor.

Jesus apontava um caminho para uma vida digna. Em sua catequese, muitos caminhos foram apresentados, mas o que Ele queria era que as pessoas caminhassem rumo ao essencial, ao mistério da existência e ao reconhecimento da própria humanidade.

A vida nova, renovada pela fé, favorece a abertura de coração para o acolhimento e o acompanhamento daqueles a quem apresentamos o valor da vida comunitária.

1.2 O catequista e sua dimensão humana

Somos chamados a responder com alegria, disponibilidade e perseverança ao convite de Jesus: "Vem e segue-me!" (Mt 19,21), sem renunciarmos a nossa humanidade. O próprio Jesus, chamando a cada um pelo nome, respeitou a personalidade, a individualidade e a originalidade de seus escolhidos. Ele enxergou em cada pessoa chamada a possibilidade de mudança e conversão.

Como catequistas, somos pessoas com qualidades e fragilidades em busca de amadurecimento espiritual e comprometimento com o nosso ministério.

> Por muitas vezes, nos cansamos, nos decepcionamos, nos sentimos inseguros e com medo. Sabemos que, diante dessa situação podemos parar, refletir e descansar, para resgatar a fé e o entusiasmo que nos sustentam na missão (REDE LUMEN DE CATEQUESE, 2022, p. 82).

Tudo isso, reflete o que somos e o que trazemos para o nosso agir catequético. É direito da pessoa humana sentir insegurança, medo e até ter dúvidas, mas é possível libertar-se desses sentimentos para resgatar motivação e propósitos para alcançar a meta. Com foco e disciplina será possível avançar e permanecer perseverante em seu ministério.

Em meio a tantas dificuldades e fragilidades o catequista é um ser humano que está constantemente se completando. Para superar os desafios e alcançar conquistas significativas é natural que busque suporte entre os amigos, na comunidade, com especialistas que o ajudem em sua dimensão humana e, até, nos projetos formativos, que lhe garantam perseverar e focar em seu ministério. Todas as propostas de formação são válidas, mas é importante que o catequista invista em sua formação integral, não somente doutrinal, mas aquela que envolva o conhecimento de si mesmo, de sua relação com a própria cultura familiar, ou da comunidade onde está inserido, e possa cultivar a amizade com Cristo. O encontro com Jesus Cristo é o encontro entre pessoas que se conectam na experiência de vida e de fé.

O Documento de Aparecida traz uma palavra sobre a importância de uma formação integral proposta à catequese para que a pessoa se fortaleça à medida que cresce a sua amizade com Jesus Cristo:

> A catequese não pode se limitar a uma formação meramente doutrinal, mas precisa ser uma verdadeira escola de formação integral. Portanto, é necessário cultivar amizade com Cristo na oração, o apreço pela celebração litúrgica, a experiência comunitária, o compromisso apostólico mediante um permanente serviço aos demais (DAp, n. 299).

Sendo a catequese um ato de comunicação, a formação integral do catequista faz dele um "educador do homem e da vida do homem" (DGC, n. 238). Para essa tarefa, é urgente investir numa formação que intensifique as habilidades humanas do catequista, dentre elas: o equilíbrio emocional, o compromisso, a disponibilidade e o saber trabalhar em equipe; a liderança e a interação com a comunidade, a criatividade e ousadia. O catequista, comunicador e educador na fé, propicia aos seus catequizandos o despertar para a esperança e a alegria do encontro com Jesus na experiência profunda de conversão:

> A fé e a conversão brotam do *"coração"*, isto é, do mais profundo da pessoa humana, envolvendo-a inteira. Encontrando Jesus e aderindo a Ele, o ser humano vê realizadas as suas mais profundas aspirações; encontra tudo aquilo que sempre buscou e o encontra abundantemente (DGC, n. 55).

As dimensões física, intelectual, afetiva, social e espiritual do catequista estão presentes em todos os seus esforços, desde a busca de conhecimento e capacitação para o ministério, até a realização de uma catequese atualizada, envolvente e comprometida com a vida de seus catequizandos. Tendo Jesus como modelo, o catequista é chamado a passar a mensagem cristã de forma clara e objetiva, respeitando a capacidade de seus catequizandos de forma adequada para que possam entendê-la (Mc 4,3). Ao falar com o seu povo, Jesus revelava sua dimensão humana: era sensível, atento e acolhedor. Inspirado por essas características, o catequista precisa encontrar o caminho certo para colocar seu catequizando: criança, adolescente, jovem ou adulto, em contato com Jesus, favorecendo a experiência de comunhão com Ele.

> A relação da mensagem cristã com a experiência humana não é uma simples questão metodológica, mas germina da própria finalidade da catequese, a qual procura colocar em comunhão a pessoa humana com Jesus Cristo. Ele, na sua vida terrestre, viveu plenamente a sua humanidade: "Trabalhou com mãos humanas, pensou com inteligência humana, agiu com vontade humana, amou com coração humano". Portanto, "Tudo o que Cristo viveu foi para que pudéssemos vivê-lo n'Ele e para que Ele o vivesse em nós". A catequese trabalha por esta identidade de experiência humana entre Jesus Mestre e discípulo e ensina a pensar como Ele, agir como Ele, amar como Ele. Viver a comunhão com Cristo é fazer experiência da vida nova da graça (DGC, n. 116).

Com conhecimento e sensibilidade, o catequista anuncia a Boa Nova do Reino em conexão com a natureza humana de seus interlocutores. Fala ao coração quando reconhece, aceita e acolhe as diversas situações humanas como terreno fértil para lançar as sementes.

A tarefa de todo catequista não se limita as atividades que promovam belos encontros de catequese, mas se expande nos sinais de maturidade humana e na convivência com o grupo de catequese, sendo capaz de promover comunhão, em vista da participação e da missão de construir uma comunidade evangelizada, evangelizadora e fraterna.

Essa comunidade, casa de comunhão, é lugar onde o catequista consegue fortalecer sua fé, adulta e comprometida, revitalizar sua interação com a vida comunitária e intensificar sua integração com as diversas pessoas, grupos e serviços.

> A paróquia é, sem dúvida, o lugar mais significativo, no qual se forma e se manifesta a comunidade cristã. Esta é chamada a ser uma casa de família, fraterna e acolhedora, onde os cristãos tornam-se conscientes de ser Povo de Deus. A paróquia, de fato, congrega num todo as diversas diferenças humanas nela existentes, inserindo-as na universalidade da Igreja. Ela é, por outro lado, o ambiente ordinário no qual se nasce e se cresce na fé. Constitui, por isso, um espaço comunitário muito adequado a fim de que o ministério da Palavra realizado nesta, seja, contemporaneamente, ensinamento, educação e experiência vital (DGC, n. 257).

A convivência entre as pessoas, sobretudo na catequese, reforça a experiência comunitária quando acompanha os cristãos maduros, já iniciados na fé, levando-os, de forma adequada, aos passos necessários para o processo eficaz de autoconhecimento, autoconfiança e solicitude pastoral. Uma relação saudável entre as pessoas pode consolidar a esperada comunhão.

Comunhão é uma palavra estritamente ligada à metodologia catequética. É em vista da unidade entre as pessoas na comunidade eclesial e no mundo que a catequese prepara lugares e conteúdos para a longa jornada de educação na fé. Esse processo de educação requer determinação para compartilhar conhecimento e facilitar o crescimento espiritual como ação libertadora. A grande inspiração para o catequista, hoje, continua sendo o modo profundamente humano de como Jesus acolhia, educava e acompanhava a vida das pessoas.

Assim como Jesus, o catequista fala do Reino, apresenta aos seus catequizandos uma proposta de vida e no meio deles, o seu modo de ser e estar, é presença marcante. Consegue despertar curiosidade entre os catequizandos quando sua participação como educador da fé se torna presença contagiante e reveladora para o grupo.

No Evangelho de João (Jo 1,35-41) encontra-se uma passagem do testemunho dos discípulos de João Batista, o profeta do deserto. Dois de seus discípulos seguiram Jesus pelo caminho e a cada passo dado a curiosidade só aumentava. Arriscaram dialogar com Ele, dizendo: "Mestre, onde moras? (Jo 1,38). A resposta de Jesus foi própria de um Mestre. Sua resposta foi uma proposta! Com sensibilidade, expressou sua atenção ao dizer: "Vinde e vede!" (Jo 1,39). Aqui, podemos perceber como a dimensão social é importante para o ser humano. Com sua resposta-proposta, Jesus queria dizer que a sua novidade não podia permanecer reservada para poucos. Os dois discípulos foram, permanecerem com Ele por um tempo e saíram para anunciar: "Encontramos o Cristo!" (Jo 1,41). Ele escutou e acolheu aqueles dois homens e nos deixou uma lição: sua catequese levava em consideração a motivação inicial, a curiosidade, ou seja, o que as pessoas buscavam. Era essa sua força de atração! Revelava sua coerência entre as palavras e as ações. Ele abria a boca para anunciar e os braços para acolher o seu povo; com ternura e coragem, iniciava-o na profunda experiência de vida em comunhão.

Uma catequese adequada se constrói como caminho de motivação para o acolhimento de quem foi atraído para a novidade que será revelada (**quem está chegando**); processo de reconhecimento das necessidades da comunidade, das famílias e dos catequizandos (**o que buscam**); passos para o despertar da dimensão missionária da catequese (**o que precisam fazer**) e para os momentos de paradas e ações em favor da vida comunitária (**o que podem fazer**). É um longo exercício de aprendizado, sustentado por encontros e compromissos na construção de uma catequese que valoriza e respeita cada pessoa que anseia crescer na sua dimensão humana e espiritual.

Como vimos, o caminho para a construção da identidade do catequista e de sua dimensão humana é apresentado pela busca de respostas em diferentes caminhos, não incongruentes, mas que levam ao encontro da mensagem de Jesus, com a sua pessoa e com o seu projeto de vida.

A ação catequética voltada para a dimensão formativa do catequista requer paciência para que todos percorram os caminhos atentos aos sinais do Mestre, que caminha com a comunidade. Assim, a aplicação de múltiplas possibilidades pode garantir a eficácia de um processo de educação permanente para a comunhão, a participação e a missão de todos os envolvidos na comunidade.

1.3 O catequista é um ser social, instrumento de comunhão

O catequista, quando está comprometido com o seu grupo e comunidade, estrutura a catequese como espaço de vida e de comunhão, abraça as famílias e garante a elas o reconhecimento da identidade cristã; favorece a abertura de coração para que elas, como família de

Deus, assumam a missão de evangelizar a comunidade e o mundo. Torna-se, dia após dia, um instrumento de comunhão.

Uma família com fé busca, no testemunho do catequista, as ferramentas necessárias para viver em comunhão com a comunidade eclesial, descobrindo, dia a dia, o seu protagonismo. Pode se tornar capaz de levar esperança ao mundo e dar testemunho de seu profetismo, como família que se torna instrumento de comunhão.

Todo catequista que se coloca a caminhar como membro de uma *Igreja Sinodal* tem muito a fazer pelas famílias. Catequistas, comprometidos e conscientes do valor da família, ajudam as famílias dos seus catequizandos a se reconhecerem como primeiras responsáveis pela transmissão da vida. Também, são elas, as famílias, as primeiras responsáveis na transmissão da fé.

É tarefa do catequista sensibilizar a comunidade para participar na caminhada catequética, uma vez que a catequese é uma ação eclesial. Esse esforço traz motivações para que o catequista seja, em sua comunidade, instrumento de comunhão e de participação. Ele é, com ternura e criatividade, o elo de unidade entre a comunidade e as famílias, entre o grupo de catequese e as outras pastorais.

A dimensão social do catequista fica evidente em seu empenho pela interação e integração de seus catequizandos e famílias na vida da comunidade. Partindo do princípio de que a comunidade eclesial é uma comunidade de famílias, o catequista trabalha para que sua comunidade seja acolhedora. Sua presença amiga faz com que as pessoas reconheçam sua atenção fraterna no acolhimento e no acompanhamento delas. Com seu envolvimento e fidelidade ao ministério, o catequista pode, por uma vida orante e comprometida com a Palavra de Deus, propor itinerários que levem os catequizandos: crianças, adolescentes, jovens ou adultos, do conhecimento da vontade de Deus ao engajamento de vida; da curiosidade ao discipulado.

Caminhando juntos, catequistas e catequizandos, encontram motivação para unirem-se como grupo e alimentam-se com a confiança em Jesus para firmar os passos na construção de uma sociedade justa e fraterna. Quando o catequista vive sua dimensão social e alcança o coração dos seus interlocutores, com suas palavras e testemunho, lança as sementes da esperança na certeza de que muitos frutos serão colhidos futuramente.

Ser instrumento de comunhão é uma aventura! O catequista se lança no caminho do discipulado para perseverar na opção decisiva e coerente por Jesus Cristo e sua causa.

Com o grupo de catequese, o catequista cresce na prática da caridade e reconhece a urgência da missão de transmitir a fé cristã. Esse caminho se faz caminhando de mãos dadas com o Mestre, educando-se para sentir, pensar e agir como Cristo (cf. DC, n. 77).

Como pessoas comprometidas com a educação da fé, os catequistas vivem e partilham sinais de comunhão com o modo de assumir a própria espiritualidade, alimentando o desejo de continuar a caminhar e crescer, inspirados e conduzidos pelo Espírito.

1.3.1 Somos todos corresponsáveis nessa jornada

A catequese não pode deixar de considerar a força da unidade entre todos os envolvidos na transmissão da fé às novas gerações. Todos são sujeitos evangelizadores e colaboradores no processo de Iniciação à Vida Cristã.

A começar pelos batizados, "[...] na sua dignidade de filhos de Deus, todos os fiéis são sujeitos ativos da proposta da catequese, não beneficiários passivos ou destinatários de um serviço" (DC, n. 4), todos os outros: bispos, sacerdotes, diáconos, religiosos, catequistas e famílias, são chamados a tornarem-se autênticos discípulos missionários, iniciadores à vida de fé na comunidade cristã. Na verdade, todos podem assumir, na alegria, a corresponsabilidade eclesial.

Recordando as atitudes de Jesus, podemos dizer que Ele, como catequista da Palestina, foi um grande iniciador à vida nova em Deus Pai e às novidades do Espírito. Sempre estava muito atento às situações concretas dos seus interlocutores em sua catequese. Com Ele aprendemos que a vida está aberta para as novidades e que pode ser transformada a cada instante.

Para reconhecer a importância e o papel dos diversos sujeitos eclesiais envolvidos, cabe aos ministros ordenados a permanente disposição para lançar um olhar evangélico sobre as paróquias e comunidades, a fim de tornar mais evidente e eficaz a finalidade da catequese. Todos são responsáveis! Caminhem entre o povo, bispos, sacerdotes, religiosos e religiosas, leigos e leigas, como discípulos missionários que despertam o povo fiel para a cultura do encontro e da ternura, para uma vida de fé madura e autêntica. Como corresponsáveis na caminhada catequética, todos os envolvidos, busquem ser fiéis testemunhas que acolhem e respeitam as diferentes realidades, como solo fértil para o despertar da fé. Compartilhem a alegria para que as pessoas acolham a Boa-nova do Senhor Jesus.

Cabe aos catequistas viverem o ministério como vocação para a eficácia da catequese. Sentindo-se amados, correspondam com fidelidade ao chamado do Senhor e Mestre Jesus.

> Esse chamado pessoal de Jesus Cristo e a relação com Ele são o verdadeiro motor da ação do catequista: "Desse amoroso conhecimento de Cristo nasce irresistível o desejo de anunciá-lo, de 'evangelizar' e de levar os outros ao 'sim' da fé em Jesus Cristo" (CIgC, n. 429). A Igreja suscita e discerne esta vocação divina e confere a missão de catequizar (DC, n. 122).

A vida do catequista pode tornar-se um Evangelho vivo para os seus catequizandos, quando anunciam a Palavra, a fim de favorecer a prática de um diálogo fraterno; quando sentem o coração se dilatar de amor, para viver o seu ministério com respeito e zelo pastoral, com "dedicação, paixão e competência" (DC, 128).

Com confiança e autenticidade, o catequista comprometido em seu ministério reforça os laços de fraternidade no seguimento de Jesus, dando testemunho de vida cristã como discípulos missionários que "ouvem a Palavra de Deus e a põem em prática" (Lc 11, 28).

A finalidade última da evangelização é a realização plena da vida humana (cf. DC, 30). Somente um catequista que se conhece verdadeiramente, que se empenha na busca de uma vida de adesão pessoal a Cristo, poderá assumir seu ministério por vocação. Essa adesão tem que ser de mente e de coração. Trata-se de se lançar num novo modo de pensar e de agir: maduro e consciente.

Considerando sua dimensão humana e social, também sua corresponsabilidade pelo processo catequético, o catequista deve colocar-se em permanente diálogo com o mundo, a fim de dar a razão de sua fé.

O compromisso com o Ministério de Catequista é uma questão de fidelidade ao chamado de Jesus, ao compromisso com uma catequese orgânica, sistemática e integral, com respeito às idades e realidades. Com ações catequéticas de inspiração catecumenal, os catequistas poderão favorecer aos seus catequizandos um caminhar feliz e uma vida plasmada pelo encontro pessoal com Jesus. Assim, todos os envolvidos, seguirão em busca de alcançar uma vida que pode ser transformada pela fé.

Continuemos atentos em uma formação que fortaleça o catequista na perseverança de seguir os passos de Jesus e estar atento a quem irá anunciar o Evangelho (Mt 28,19).

1.4 Exercícios de autoconhecimento e autoconfiança

A vida é como uma taça de esperança que transborda

Nossa vida precisa transbordar o melhor de nós mesmos, para o mundo e para as pessoas a quem amamos e a quem não amamos o bastante. Estamos dando passos permanentes no caminho do amadurecimento de vida e de fé. O processo é longo e requer calma e esperança, determinação e motivação, para aproveitarmos todas as oportunidades de deixar a "taça" transbordar.

A vida é um grande aprendizado. Em todos os momentos podemos agregar valor ao que não tem preço: uma vida leve e feliz. Só vamos conseguir fazer a "taça" transbordar quando nos sentimos plenos de: amor, alegria, saúde, gratidão, amigos e tempo para viver e conviver, para fazer o bem e compartilhar a alegria de uma vida plena. A vida transborda em plenitude!

Plenitude é a sensação de que está tudo bem, inteiro, completo. Pode parecer impossível, mas não é! Para a taça transbordar não esperemos ter uma vida sem problemas, isso não será possível. Nossa vida pode alcançar plenitude quando nos sentimos bem com o nosso existir, com os nossos relacionamentos, com as nossas conquistas e possíveis derrotas (aprendizado); quando estamos em paz com a nossa realidade, pois, apesar dos desafios, crises e conflitos, precisamos manter o controle de nossas emoções para assumirmos o protagonismo em nossa própria história.

Vamos fazer um exercício de autoconhecimento e de autoconfiança para continuarmos tecendo a trama da vida, crescendo na direção do melhor de nós mesmos.

Momento 1 **PROCURANDO PAZ...**

- ✓ Procure um lugar silencioso; um ambiente adequado para a sua jornada de paz interior; se preferir, e ajudar, selecione uma música instrumental ou, se possível, conte com o som da natureza.
- ✓ Coloque-se em atitude de meditação: tente afastar-se dos ruídos sonoros do ambiente.
- ✓ Concentre-se em si mesmo: sua respiração, seu corpo; sinta a vida em você.
- ✓ Siga em busca de seu silêncio; afaste-se de pensamentos que atrapalhem o seu momento. Pense na possibilidade de caminhar em busca de paz.
- ✓ Permaneça por um tempo em silêncio e contemplação.

Momento 2 **PROCURANDO INSPIRAÇÃO...**

- **Leia o Salmo 22**

  O Senhor é meu pastor, nada me faltará. Em verdes prados ele me faz repousar. Conduz-me junto às águas refrescantes, restaura as forças de minha alma. Pelos caminhos retos ele me leva, por amor do seu nome. Ainda que eu atravesse o vale escuro, nada temerei, pois estais comigo.

  Vosso bordão e vosso báculo são o meu amparo. Preparais para mim a mesa à vista de meus inimigos. Derramais o perfume sobre minha cabeça, e transborda minha taça. A vossa bondade e misericórdia hão de seguir-me por todos os dias de minha vida. E habitarei na casa do Senhor por longos dias.

- **Identifique a aplicação desse texto em sua vida.**

I parte do Salmo

- Os verdes prados para onde o Senhor te levou a descansar...
- As águas refrescantes que restauraram a força de sua alma...
- Os caminhos retos que Ele aponta...
- O vale escuro que você teve ou tem que atravessar...

II parte do Salmo

- Quando busco o amparo do Senhor?
- Como sinto sua presença?
- Sou grato pela mesa que Ele prepara, pelo perfume que derrama e pelas vezes que faz minha taça transbordar?
- Estou disposto a perseverar na vida de comunhão com Ele e com os irmãos e irmãs?

Momento 3 **PROCURANDO TRANSBORDAR...**

Minha vida transborda quando....

___

___

___

A vida precisa se estruturar. Como?

- Autoconhecimento – Quem sou eu? Como consigo expressar os meus sentimentos? Quando sinto que posso pensar, falar e agir sem ferir as pessoas e sem fragilizar os relacionamentos?
- Autoconfiança – Gosto de quem sou? Valorizo a última versão do que sou? Busco compartilhar o que tenho de melhor em mim? Não permito que pensamentos negativos me impeçam de evoluir? Identifico quais são as crenças limitantes que ameaçam o meu crescimento humano e cristão?

Quando?

Procure estar em pleno diálogo com quem ou com o que dá sentido à sua vida.
O que você diria a essas pessoas ou a você mesmo?

____

____

____

____

Atenção!

- ✓ Muitos acreditam que a sua vida transborda porque precisa:
- ✓ Ser bom.
- ✓ Fazer o bem.
- ✓ Ser solidário.
- ✓ Crescer como ser humano e na fé.

Isso é importante, mas não basta!

Na verdade, **A VIDA TRANSBORDA PARA PERMANECERMOS VIVOS!** Para mantermos a conexão conosco, com os outros, com o universo e com Deus.

Vamos traçar um caminho em busca de conquistas, e não de perfeição! Saber viver é cultivar o amor que vai ser transbordado com generosidade e sabedoria.

2

Formação bíblica

A formação dos catequistas é um processo permanente, pois falam em nome da Igreja; atualmente é uma das tarefas mais urgentes de nossas comunidades, pois "o catequista é de certo modo, o intérprete da Igreja junto aos catequizandos" (DCG, n. 35).

É das tarefas mais importantes e urgentes para as nossas comunidades: investir na formação de pessoas que vão assumir a missão de anunciar as novidades do Reino como introdutores e acompanhadores de pessoas para a vida cristã.

Sabemos que os catequistas precisam de uma formação adequada e integral para:

- ✓ Reconhecer que foram chamados por Cristo para uma vocação especial.
- ✓ Favorecer uma oportunidade de conhecimento, motivação e inspiração.
- ✓ Preparar as diversas tarefas e etapas da catequese.
- ✓ Anunciar a Palavra de Deus de forma criativa e com alegria.
- ✓ Assumir a educação da fé apoiados no princípio de interação fé e vida.
- ✓ Integrar os catequizandos e famílias na comunidade.
- ✓ Suscitar a fé no coração de seus catequizandos para que alimentem o desejo de permanecer na comunidade de Jesus.

A formação leva o catequista ao reconhecimento de que ele é um "educador do homem e da vida do homem" (DGC, n. 238). Ele deve ser um intérprete da mensagem cristã que partilha, como um mestre que ensina a fé.

A formação bíblica, assim como a teológica, vai capacitar os catequistas para introduzir seus interlocutores no mistério central da fé: Jesus Cristo.

Com uma formação adequada, o catequista poderá corresponder ao seu ministério, formando novos discípulos, sobretudo os adultos, se cumprir, com fidelidade, as tarefas da catequese, conforme orienta o número 261, do Diretório para a Catequese, a saber:

- ✓ Suscitar a fé.
- ✓ Purificar a fé
- ✓ Alimentar a fé.
- ✓ Motivar os iniciados na fé para um testemunho autêntico e transformador.

A formação bíblica contribui para que o catequista se torne um conhecedor da Palavra e responsável por transmitir a fé em seu ministério.

O Diretório para a Catequese (2020), apresenta o catequista como um especialista em humanidade (cf. DC, n. 113c). Tirado do meio de sua comunidade, o catequista é vocacionado a conhecer e servir aos irmãos e irmãs de caminhada, experimentando com eles as alegrias e as esperanças, as tristezas e as angústias (cf. GS, n. 1). É importante que o catequista saiba fazer essa leitura da vida à luz do Evangelho de Jesus. Sim, o Evangelho aponta para o respeito e para a dignidade da pessoa humana, sensivelmente cuidado por Jesus, Mestre em humanidade. Deus se faz um de nós para nos comunicar o seu plano com a linguagem humana e nos ensinar a ser humanos.

A vida dos filhos e filhas de Deus foi plasmada pelas palavras e gestos de Jesus. Ele mergulhava na vida de seu povo e conduzia seus seguidores para uma nova realidade, para o novo! Desse encontro entre pessoas nasce a cultura cristã, que faz germinar as sementes do Reino. O fruto bom, para a vida da humanidade, é a escolha consciente da centralidade de Jesus Cristo e de seu Evangelho, no coração renovado de homens e mulheres de todos os cantos do mundo, de diferentes culturas, idades e realidades. Lentamente, a fé cristã vai se fortalecendo na profunda experiência de unidade e de comunhão, no estilo evangélico apresentado por Jesus.

Todos nós, catequistas, estamos a serviço da transmissão da fé, em meio a conflitos, desafios e ameaças de perseguição ou rejeição aos princípios fundamentais da cultura cristã. Não devemos parar, pois:

> A catequese é um anúncio da fé, que não pode outra coisa senão se relacionar, mesmo que em semente, com todas as dimensões da vida humana (DC, n. 60).

A fé é um dom precioso e uma resposta ao chamado de Deus para anunciar Jesus Cristo. Como aos seus discípulos, Ele pede que nos confiemos em seus braços (Jo 10,1) e que perseveremos assim: "assíduos ao ensino dos Apóstolos, à comunhão fraterna, à fração do pão e às orações" (At 2,42).

2.1 O anúncio do Evangelho como mandato sempre novo

O primeiro compromisso do catequista é escutar a voz de Jesus, Mestre e Senhor, para anunciar a Palavra de Deus. O catequista é o mensageiro de Cristo, que comprometido com a catequese, a qual tem por fonte a Palavra de Deus, mostra aos seus catequizandos o caminho para uma vida comprometida a amar como Jesus. Compartilhando a alegria de ter encontrado o Senhor, o catequista alimenta sua vida de fé com o pão da Palavra, que favorece o crescimento espiritual de cada pessoa.

Somos todos discípulos missionários que sentados a mesa com Jesus aprendemos com Ele. Viver em comunhão com Jesus é um grande aprendizado.

Aprendemos que:

- ✓ Nossa missão é anunciar o Reino.
- ✓ Somos mensageiros do amor e da paz.
- ✓ Mergulhados no mistério da fé, resgatamos vida nova.

Para mantermos nossa fidelidade à Palavra de Deus, à pessoa de Jesus Cristo e ao nosso Ministério de Catequista, precisamos dar cinco passos:

Primeiro passo	**Buscar:** É fundamental crescer no conhecimento de quem é Deus (Sl 63,2-3). Saber mais sobre Ele para permanecer em sua presença (Sl 61,4-6). Vamos buscar tempo e espaço para ficarmos a sós com o Senhor. Vamos deixar que Ele fale ao nosso ouvido e nosso coração.
Segundo passo	**Aproximar:** Cuidemos para não perder a disponibilidade para o acolhimento do que Deus quer ser para nós. Essa aproximação nos coloca, unicamente, dependentes Dele (Sl 86,3-10). Vamos conhecer sua Palavra para um diálogo amoroso, sincero e esclarecedor – rico de ensinamentos.
Terceiro passo	**Obedecer:** Busquemos manter a unidade com o Senhor e a obediência à sua Palavra, expressa na prática do amor. Seguir a voz do Senhor (o Pastor, Jo10), tendo a Palavra de Deus como luz que nos ensina o caminho da vida: Jesus é essa palavra; é a luz que ilumina a todos (Jo 1,9-24).
Quarto passo	**Esperar:** Assim como Deus é paciente e compassivo (Sl 145,8), sejamos pacientes para permanecermos no caminho de Deus (Sl 139,23). É preciso saber esperar! O silêncio de Deus – exige de nós confiança... O tempo de Deus é diferente do nosso, é eterno.
Quinto passo	**Agradecer:** Estar na presença de Jesus é convite para mergulhar no seu mistério. Saber agradecer é um gesto de gratidão e humildade. É na gratidão que nos sentimos plenos, com o coração pronto para louvar e agradecer a Deus (Sl 57,8-12).

Quando escutamos a voz de Jesus, atualizamos o seu chamado. Inseridos na comunidade e alimentando nossa espiritualidade, com fé e compromisso com a Palavra, deixamos suas palavras fazerem eco em nossos corações. Sua mensagem ressoa constantemente em nós e nos convida para o crescimento da vida, em todas as suas dimensões: humana, emocional, social, moral, econômica e espiritual.

Certa vez, disse Jesus: “Quem tem ouvidos, ouça!” (Mt 13,8; Lc 8,8). Reunia multidões que mantinham os ouvidos abertos para suas histórias simples. As parábolas contadas por Jesus eram histórias muito bem elaboradas que, didaticamente, revelam verdades da fé sobre o Reino e sobre a vida.

Hoje, vamos descobrindo o que Jesus nos ensina e como podemos ensinar:

> A Majestade de Cristo quando ensinava, a coerência e a força persuasiva únicas do seu ensino, não se conseguem explicar senão porque as suas palavras, parábolas e raciocínios nunca são separáveis da sua vida e do seu próprio ser. Neste sentido, toda a vida de Cristo foi um ensinar contínuo: os seus silêncios, os seus milagres, os seus gestos, a sua oração, o seu amor pelo homem, a sua predileção pelos pequeninos e pelos pobres, a aceitação do sacrifício total na cruz pela redenção do mundo e a sua ressurreição, são o atuar-se da sua palavra e o realizar-se da sua revelação (CT, n. 9).

Suas parábolas serviam para capacitar seus discípulos no ministério de anunciar, com alegria, as novidades do Reino de Deus (Mt 13). Todos nós catequistas, assim como fizeram os apóstolos, podemos fazer o que Ele nos diz. Em atenção às suas palavras, acolhemos as instruções missionárias para seguirmos seus passos em vista da comunhão e da missão.

> A catequese também forma a missão, acompanhando os cristãos no amadurecimento de atitudes de fé e conscientizando-os de que são *discípulos missionários*, chamados a participar ativamente do anúncio do Evangelho e a fazer presente o Reino de Deus no mundo: "A intimidade da Igreja com Jesus é uma intimidade itinerante, e a comunhão 'reveste essencialmente a forma de comunhão missionária'" (DC, n. 50).

Vamos testemunhar, por vezes sem palavras, mas sem medo, atitudes cristãs para crescermos na fé e na experiência da vida comunitária, realizando a missão que Cristo nos confiou.

A fé que nos atraiu para Cristo nos leva para uma autêntica, profunda e renovada conversão. Somos chamados por amor e para o amor, instruídos com o seu carinho somos enviados como instrumentos de esperança e paz. Assim, o versículo da carta de Paulo apóstolo traz sentido ao nosso ministério: "o amor de Cristo nos impele" (2Cor 5,14).

> Para o apóstolo Paulo, este amor introduz o homem numa vida nova: "Pelo Batismo fomos sepultados com Ele na morte, para que, tal como Cristo foi ressuscitado de entre os mortos pela glória do Pai, também nós caminhemos numa vida nova" (Rm 6, 4). Em virtude da fé, esta vida nova plasma toda a existência humana segundo a novidade radical da ressurreição. Na medida da sua livre disponibilidade, os pensamentos e os afetos, a mentalidade e o comportamento do homem vão sendo pouco a pouco purificados e transformados, ao longo de um itinerário jamais completamente terminado nesta vida (PF, n. 6).

O nosso coração se expande com a sua presença em nós. Conseguimos olhar com mais generosidade e compaixão, porque somos enviados em missão para compartilhar esperança, fé e vida nova. Nossa missão de catequista é evangelizar, fazer ecoar a Palavra de Deus na vida de crianças, jovens e adultos atraídos a Cristo, para que descubram a alegria de crer e reencontrem o entusiasmo de transmitir a fé cristã.

Jesus entregou sua vida por todos nós. "Amou-nos a todos com um coração humano" (CIgC, n. 478). Deixou marcas de seus pés pelos caminhos por onde passou, tocou o coração de muitos homens e mulheres feridos na sua dignidade, acolheu milhares de pessoas sedentas de uma palavra de esperança. Ele promoveu uma grande campanha para a fraternidade e a paz.

Sua catequese sempre foi uma motivação para a experiência profunda da fé para que seus discípulos, e tantas pessoas que caminhavam com eles, pudessem abraçar o Evangelho. E assim, eram iluminados com a luz de Cristo.

> É a própria Palavra que nos impele para os irmãos: é a Palavra que ilumina, purifica, converte; nós somos apenas servidores. [...] O Senhor oferece a salvação aos homens de cada época. Todos nos damos conta de quão necessário é que a luz de Cristo ilumine cada âmbito da humanidade: a família, a escola, a cultura, o trabalho, o tempo livre e os outros setores da vida social (VD, n. 93).

É com a força que vem da Palavra de Deus que podemos perseverar no caminho do seguimento e anúncio profético da esperança e da fé cristã.

2.2 O catequista é um ser religioso, chamado para transmitir a fé

Como nos ensina o Catecismo da Igreja Católica, "a fé um ato pessoal: é a livre resposta do homem à iniciativa de Deus que se revela" (CIgC, n. 166), por isso podemos dizer que acreditar em Deus é também um dom. Generosa e gratuitamente, Deus se revela. Vem ao encontro da humanidade e fala com o seu povo; convida para uma vida de comunhão com Ele e acolhe em Cristo, "o mediador e a plenitude de toda a revelação" (DV, n. 2). Ele "fala aos homens como amigos" (Ex 33,11), porque ama o seu povo! Deus aproxima-se e dialoga, para que, pela fé, todos os seus filhos e filhas possam entrar em comunhão com Ele. Essa iniciativa vem acompanhada de muito amor (Is 43,4).

O nosso ministério de transmitir a fé ensina que o cuidado de Deus é sem medidas. Ele ama o seu povo e espera que seus filhos e filhas não sejam humilhados, porque é um povo precioso, estão guardados em seus olhos. Ele mesmo defendeu, libertou e quis caminhar de mãos dadas com o seu povo quando o resgatou da escravidão (cf. Ex 3,1-15). O profeta Isaías vai descrever o quanto vale esse amor pelo povo resgatado: "chamei-te pelo nome, tú és meu! [...] Pois és muito precioso para mim, e mesmo que seja alto o teu preço, é a ti que eu quero" (Is 43,1.4).

Tudo isso foi confirmado com a vinda de Jesus. O filho amado deu continuidade a esse cuidado, sendo fiel à vontade do Pai. O papa João Paulo II, em sua Exortação Apostólica *Catechesi Tradendae* (1979, n. 5), apresentou razões para buscarmos esse amor revelado em Jesus Cristo e transmiti-lo com alegria:

- ✓ Jesus está no centro da catequese, sua pessoa e seus ensinamentos. Ele, o filho único e amado do Pai, nasceu, viveu, morreu e ressuscitou para viver com o povo de Deus, confirmando que sua presença mantem a força da vida cristã. A vida cristã consiste em seguir a Cristo.

- ✓ Revelar o mistério da fé é catequizar. Levar uma pessoa ao encontro pessoal com Jesus Cristo é favorecer sua exposição à luz do Ressuscitado para receber dele a paz.
- ✓ Conhecer quem é Jesus para compreender o significado de suas palavras e ações, que identificam e revelam o seu ministério.
- ✓ A vida cristã se constrói na experiência profunda de comunhão com Jesus Cristo, pois, somente Ele pode levar o ser humano ao amor do Pai na docilidade ao Espírito Santo.

A formação bíblica do catequista é fundamental para o conhecimento de tudo que precisa ser ensinado na catequese. O catequista é o mediador entre a Palavra e o catequizando, quem ensina é Cristo (CIgC, n. 427). O catequista é o porta-voz que empresta sua boca para Cristo falar aos que são iniciados na fé e na vida cristã. Esse gesto de generosidade dos catequistas revela que, sendo mensageiros da esperança, deixam Cristo falar por meio deles.

O ministério de Jesus é revestido de ternura, Ele chama para a vida plena e convida para uma fé madura e comprometida. Sua catequese era comprometida com a vida dos seus seguidores. Como Bom Pastor, leva o seu rebanho para "verdes prados" (Sl 22,2), onde possam escutar a sua Palavra; Ele conduz para as "águas tranquilas" com sua ternura e compaixão.

2.3 O dom precioso da fé e adesão incondicional a Jesus Cristo (Hb 11)

A fé é um dom e não repetição de uma doutrina. É construção da experiência de comunhão com Deus no tempo presente e na certeza do que se espera, do que virá a ser: a firme garantia do que se espera, a prova do que não se vê (Hb 1,1). Visitando a Sagrada Escritura, encontraremos diversas manifestações de fé em um itinerário espiritual que aponta para o encontro com o Senhor. Foram longas jornadas com pessoas que perseveraram na esperança "com olhos fixos em Jesus, que iniciou e realizou a fé" (Hb 12,2). A vida na fé é uma escolha pessoal e consciente, que tira o ser humano dos caminhos ilusórios e provisórios, de uma vida vazia e sem futuro.

Toda a peregrinação de nossos pais na fé, em busca de um lugar e liberdade, de uma pátria e de paz, registra a vida itinerante de todas essas pessoas chamadas para receber como herança uma terra. Provaram o gosto amargo da insegurança, do medo e da injustiça, mas acreditaram na fidelidade de Deus. Gerações foram abençoadas; rios, mares e deserto foram atravessados para prolongar a caminhada da fé. Pela fé, a comunicação do povo de Deus está definitivamente aberta. Deus é fiel na realização de sua promessa e solidário com a condição humana. Para depositar a fé no coração da humanidade, Ele assumiu a condição humana!

> A humildade foi assumida pela majestade, a fraqueza, pela força, a mortalidade, pela eternidade. Para saldar a dívida de nossa condição humana, a natureza impassível uniu-se à natureza passível. Deste modo, como convinha à nossa recuperação, o único mediador entre Deus e os homens, o homem Jesus Cristo, podia submeter-se à morte através de sua natureza humana e permanecer imune em sua natureza divina. Por conseguinte, numa natureza perfeita e integral de verdadeiro homem, nasceu o verdadeiro Deus, perfeito na sua divindade, perfeito na nossa humanidade (LITURGIA DAS HORAS, 2000, p. 1.506).

Hoje, recebemos a mesma possibilidade que recebeu o povo do passado. A comunidade cristã é chamada a viver uma relação estreita com o nosso Deus: único e verdadeiro, vivo e real.

Essa relação de proximidade se torna mais estreita quando buscamos viver uma vida em Cristo. É missão de todos os catequistas fazer ressoar no coração de seus catequizandos o desejo de viver uma vida nova, reconhecendo a dignidade de filhos e filhas de Deus. Essa missão consiste em educar para o seguimento de Jesus e para formação da identidade cristã.

O caminho de fé é para ser trilhado ao longo da vida, por isso envolve a formação do cristão na sua vida de fé e na consciência moral, sempre na disponibilidade de escutar a voz do Pai, como fazia Jesus. Essa vida de fé deve ser orientada pelo Espírito. O catequista pode mostrar, com a própria vida, que a experiência de fé vai, dia a dia, traduzindo o compromisso com o Amor.

A formação bíblica ajuda o catequista na sua alegria de viver e anunciar o Evangelho; na sua disponibilidade de fazer dos seus catequizandos "[...] mensageiros alegres de propostas altas, guardiões do bem e da beleza que resplandecem em uma vida fiel ao Evangelho" (EG, n.168). Todo esforço do catequista, em suas ações catequéticas, precisa estar sustentado na Palavra por ele acolhida, escutada, vivida, celebrada e testemunhada. A formação integral do catequista é importante para que ele evangelize, deixando-se evangelizar. Para isso, a familiaridade com a Palavra é o caminho para a realização de um ministério sério e fecundo.

O caminho formativo do catequista leva ao amor de Deus revelado nas Escrituras, confirmado em Cristo Jesus e mantido pelo Espírito nos diferentes contextos de vida e cenários em mudança.

2.4 Exercícios de leituras orantes

Ao praticar a Leitura Orante da Bíblia, você não vai estudar; não vai ler a Bíblia para aumentar conhecimentos nem preparar algum trabalho apostólico; não vai ler para ter experiências extraordinárias. Vai ler a Palavra de Deus para escutar o que Ele tem a lhe dizer, para conhecer a sua vontade e viver melhor o Evangelho de Jesus Cristo. Em você devem estar presentes a pobreza e a disposição que o velho Eli recomendou a Samuel: "Fala, Senhor, que teu servo escuta!" (1Sm 3,10). Deve existir a mesma atitude obediente de Maria: "Faça-se em mim segundo a tua Palavra" (Lc 1,38).

A *Lectio Divina* (Leitura Orante), consiste na atitude do discípulo fiel diante da Palavra de Deus que, segundo a afirmação do Papa João Paulo II, permite que o mesmo leia "o texto como palavra viva que interpela, orienta, plasma a existência"(NMI, n. 39). Trata-se de deixar a Palavra de Deus ser "Palavra de Deus". Trata-se de orar com a Palavra de Deus.

Para que a Leitura Orante não fique entregue só às conclusões dos seus próprios sentimentos, pensamentos ou caprichos, mas tenha mais firmeza e seja realmente fiel, é importante levar em conta três exigências fundamentais:

I exigência: confrontar com a fé da Igreja

Confronte sempre o resultado da sua Leitura com a comunidade a que você pertence, com a fé da Igreja viva. Do contrário, pode acontecer que o seu esforço não leve a lugar algum (cf. Gl 2,2).

II exigência: confrontar com a realidade

Confronte sempre aquilo que você lê na Bíblia com a realidade que vivemos. Quando a Leitura Orante não alcança seu objetivo na nossa vida, a causa nem sempre é a falta de oração, falta de atenção à fé da Igreja ou falta de estudo crítico do texto. Muitas vezes, é simplesmente falta de atenção à realidade. em que vivemos. Quem vive na superficialidade, sem aprofundar a vida, não pode atingir a fonte de onde nasceram os Salmos, dizia Cassiano, filósofo da Patrística.

III exigência: confrontar-se com o resultado da exegese

Confronte sempre as conclusões de sua Leitura com os resultados da **exegese** bíblica, que investiga o sentido da letra. A Leitura Orante – é verdade – não pode ficar parada na letra; deve procurar o sentido do Espírito (cf. 2Cor 3,6). Mas para estabelecer o sentido do Espírito é necessário fundamentá-lo na letra, sem cair no engano do fundamentalismo. Hoje, quando tantas ideias novas se propagam, é muito importante ter bom senso.

> **Exegese:** Comentário ou dissertação para esclarecimento ou minuciosa interpretação de um texto ou de uma palavra. [Aplica-se de modo especial em relação à Bíblia, à gramática, às leis.]. Explicação ou interpretação de obra literária ou artística, de um sonho, etc.

De acordo com as etapas da Leitura Orante:

- ***Leitura: O que diz o texto?*** Reconhecimento do que o texto diz, personagens e ambientes.
- ***Meditação: O que o texto me diz?*** Repetir, rever o texto e perceber o que ele diz para mim no texto lido.
- ***Oração: O que o texto me faz dizer a Deus?*** Conversar com Deus.
- ***Contemplação: Ver a realidade (saboreá-la) com os olhos de Deus*** – O que vou fazer a partir de tudo isso?

Em seguida, propomos alguns exercícios de *Lectio Divina* para desenvolver a competência de leitura e oração com a Palavra de Deus, em vista de promover a espiritualidade bíblica em nossa ação catequética.

Exercício 1: Lendo e Orando a Palavra de Deus
Despertar a vocação

Texto: Livro do Êxodo, Capítulo 3, versículos de 1 até 12 (Ex 3,1-12).

Leitura

- **Invocar o Espírito Santo, espontaneamente, por meio de oração, canto, mantra...**
- **Leitura lenta do texto seguida de breve momento de silêncio.**
- **Reler o texto e identificar os personagens:**

____

____

____

____

____

- **Descrever o ambiente, imagens que são criadas a partir da leitura:**

____

____

____

____

____

____

- **Escrever uma breve história (relato) sobre o que se passa no texto lido, com as próprias palavras.**

____

____

____

____

____

____

Meditação

- **Repetir a leitura do texto bíblico e descrever o que ele quer me dizer, qual a relação dele com a minha vida?**

- **Com quais outros textos da Bíblia podemos associar esse que você acabou de ler?**
  - **Anotar a citação bíblica ou mesmo a mensagem dos outros textos que recordar.**

Oração

- **O que dizer a Deus depois da reflexão feita?**

  É o momento de orar (rezar) a Palavra. Esta é, de todas as etapas, a mais íntima com o autor da Bíblia. Várias são as motivações para oração, prece, agradecimento, louvor, súplica.

Contemplação

- **É o momento de assumir um compromisso diante do texto lido. Sua oração faz despertar em você algum sentimento de comprometimento ou de atividade a ser realizada? Qual?**

- **Em resposta à leitura e contemplando a Palavra, rezar o Salmo 3.**
"*A palavra está muito perto de ti: na tua boca e no teu coração, para que a ponhas em prática*" (Dt 30,14).

- **Escolher um trecho, frase ou versículo do texto (ou do salmo) para memorizar.**

Exercício 2: Lendo e Orando a Palavra de Deus
Responder ao chamado

Texto: Primeiro Livro de Reis, Capítulo 19, versículos de 1 até 8 (1Rs 19,1-8).

Leitura

- ✓ **Invocar o Espírito Santo, espontaneamente, por meio de oração, canto, mantra...**
- ✓ **Leitura lenta do texto seguida de breve momento de silêncio.**
- ✓ **Reler o texto e identificar os personagens:**

____

____

____

____

____

____

- ✓ **Descrever o ambiente, imagens que são criadas a partir da leitura:**

____

____

____

____

____

____

- ✓ **Ilustrar o episódio que se passa no texto lido:**

Meditação

✓ **Repetir a leitura do texto bíblico e descrever o que ele quer me dizer, qual a relação dele com a minha vida?**

____

____

____

____

____

____

✓ **Com quais outros textos da Bíblia podemos associar esse que você acabou de ler?**

- Anotar a citação bíblica ou mesmo a mensagem dos outros textos que recordar.

____

____

____

____

____

____

Oração

✓ **O que dizer a Deus depois da reflexão feita?**

É o momento de orar (rezar) a Palavra. Esta é, de todas as etapas, a mais íntima com o autor da Bíblia. Várias são as motivações para oração, prece, agradecimento, louvor, súplica.

____

____

____

____

____

____

Contemplação

- **É o momento de assumir um compromisso diante do texto lido. Sua oração faz despertar em você algum sentimento de comprometimento ou de atividade a ser realizada? Qual?**

____

____

____

____

____

____

- **Em resposta à leitura e contemplando a Palavra, rezar o Salmo 139(138).**
"*A palavra está muito perto de ti: na tua boca e no teu coração, para que a ponhas em prática*" (Dt 30,14).

- **Escolher um trecho, frase ou versículo do texto (ou do salmo) para memorizar.**

____

____

____

____

____

____

Exercício 3: Lendo e Orando a Palavra de Deus
Converter a mente

Texto: Evangelho de São João, Capítulo 4, versículos de 1 até 30 (Jo 4,1-30).

- ✓ **Invocar o Espírito Santo, espontaneamente, por meio de oração, canto, mantra...**
- ✓ **Leitura lenta do texto seguida de breve momento de silêncio.**
- ✓ **Reler o texto e identificar os personagens:**

____

____

____

____

____

____

- ✓ **Descrever o ambiente, imagens que são criadas a partir da leitura:**

____

____

____

____

____

____

- ✓ **Escrever uma breve história (relato) sobre o que se passa no texto lido, com as próprias palavras.**

____

____

____

____

____

____

Meditação

✓ **Repetir a leitura do texto bíblico e descrever o que ele quer me dizer, qual a relação dele com a minha vida?**

____

____

____

____

____

____

✓ **Com quais outros textos da Bíblia podemos associar esse que você acabou de ler?**

- Anotar a citação bíblica ou mesmo a mensagem dos outros textos que recordar.

____

____

____

____

____

____

Oração

✓ **O que dizer a Deus depois da reflexão feita?**

É o momento de orar (rezar) a Palavra. Esta é, de todas as etapas, a mais íntima com o autor da Bíblia. Várias são as motivações para oração, prece, agradecimento, louvor, súplica.

____

____

____

____

____

____

Contemplação

- **É o momento de assumir um compromisso diante do texto lido. Sua oração faz despertar em você algum sentimento de comprometimento ou de atividade a ser realizada? Qual?**

____
____
____
____
____
____

- **Em resposta à leitura e contemplando a Palavra, rezar o Salmo 63(62).**
"*A palavra está muito perto de ti: na tua boca e no teu coração, para que a ponhas em prática*" (Dt 30,14).

- **Escolher um trecho, frase ou versículo do texto (ou do salmo) para memorizar.**

____
____
____
____
____
____

Exercício 4: Lendo e Orando a Palavra de Deus
Purificar o coração

Texto: Evangelho de São Marcos, Capítulo 10, versículos de 46 até 52 (Mc 10,46-52).

Leitura

- ✓ **Invocar o Espírito Santo, espontaneamente, por meio de oração, canto, mantra...**
- ✓ **Leitura lenta do texto seguida de breve momento de silêncio.**
- ✓ **Reler o texto e identificar os personagens:**

____

____

____

____

____

____

- ✓ **Descrever o ambiente, imagens que são criadas a partir da leitura:**

____

____

____

____

____

____

- ✓ **Escrever uma breve história (relato) sobre o que se passa no texto lido.**

____

____

____

____

____

____

____

____

Meditação

- ✓ **Repetir a leitura do texto bíblico e descrever o que ele quer me dizer.**
- ✓ **Com quais outros textos da Bíblia podemos associar esse que você acabou de ler?**

____

____

____

____

____

____

Oração

- ✓ **O que dizer a Deus depois da reflexão feita?**

  É o momento de orar (rezar) a Palavra. Esta é, de todas as etapas, a mais íntima com o autor da Bíblia. Várias são as motivações para oração, prece, agradecimento, louvor, súplica.

____

____

____

____

____

____

Contemplação

- **É o momento de assumir um compromisso diante do texto lido.**
- **Em resposta à leitura e contemplando a Palavra, escolher e rezar um Salmo.**

  "A palavra está muito perto de ti: na tua boca e no teu coração, para que a ponhas em prática" **(Dt 30,14).**

____

____

____

____

____

____

- **Escolher um trecho, frase ou versículo do texto (ou do salmo) para memorizar.**

____

____

____

____

____

____

3

A formação da competência teológica

O Papa Francisco promulgou o *Motu Proprio Antiquum Ministerium* para instituir o Ministério Laical de Catequista, expondo como condição o discernimento vocacional e a "participação ativa na comunidade cristã" (AM, n. 8). Com isso, fica evidente a dimensão comunitária da vocação e missão de cada catequista, para que sejam alargadas as compreensões de sua atuação na comunidade. Mais que um mestre dos conteúdos para a preparação dos sacramentos, a instituição do Ministério de Catequista pede que, após o discernimento, sejam investidas pessoas "capazes de acolhimento, generosidade e vida de comunhão fraterna" (AM, n. 8).

A obra da catequese é variada e sempre se precisou de catequistas em diferentes áreas da Igreja. As visões simplistas, ou mesmo reducionistas da catequese, fazem nos voltar para o entendimento que ser catequista é estar relacionado com a preparação dos sacramentos. E, na realidade, a missão da catequese, de acordo com o Catecismo da Igreja Católica, é uma ação constante e estável na vida da Igreja. Por esse motivo, o tema do Ministério Laical de Catequista pede o discernimento de vocações para "um serviço estável prestado à Igreja local de acordo com as exigências pastorais identificadas pelo Ordinário do lugar" (AM, n. 8). Ou seja, é preciso retirar-se em oração, analisar a realidade diocesana e paroquial para descobrir qual modelo e perfil de catequista é preciso para cumprir com a obra de evangelização da Igreja.

O critério para esse discernimento é apontado no próprio Catecismo da Igreja Católica:

> Bem cedo se chamou catequese ao conjunto de esforços empreendidos na Igreja para fazer discípulos, para ajudar os homens a crerem que Jesus é o Filho de Deus, a fim de que, por meio da fé, tenham a vida em nome dele, para educá-los e instrui-los nesta vida, e assim construir o Corpo de Cristo (CIgC, n. 4).

Do que falamos até aqui, destacam-se alguns elementos necessários à formação teológica de catequistas, e também de lideranças, no processo de aprofundamento e discernimento sobre o exercício do Ministério Laical de Catequista: o discernimento vocacional, a participação na comunidade e o sentido de pertença à Igreja, Corpo de Cristo, que culminam num processo de maturidade entendido como as competências de acolhimento, generosidade e comunhão fraterna.

A formação de pessoas candidatas ao Ministério Laical de Catequista, portanto, destina-se a todos os fiéis leigos e leigas, chamado por natureza, própria do Batismo, a professar, celebrar e testemunhar com a vida a fé em Jesus Cristo.

É a dignidade batismal que traz consigo o caráter de compromisso pela missão. Investir na capacitação de catequistas, instituídos por meio de um ministério, é tarefa de uma Comunidade-Igreja consciente de que "uma vida comprometida a amar como Cristo, é o caminho para favorecer o advento do Reino de Deus no mundo" (DC, n. 85). Esse comprometimento se estrutura com a devida formação de pessoas escolhidas, na comunidade, para estarem a serviço da comunidade.

É aqui que a palavra *ministério* se autoexplica, trata-se de serviço, de obra espiritual em favor do povo. A instituição de Ministério Laical de Catequista exige, assim, estrutura mínima de formação e elenco básico de competências para transformar o saber em fazer, o argumento em atitude, a palavra em ato.

Competência é ter aptidão, é conseguir relacionar o que se sabe (conhecimento) com o que se sabe fazer (habilidade), as atitudes que são fruto da opção fundamental de uma vida semelhante à Cristo, que passou no mundo fazendo o bem (At 3,10). A aptidão necessária para todo fiel cristão e cristã é a vida embebida no mistério da Santíssima Trindade, isto é, buscar e alimentar a comunhão entre pessoas, tendo por modelo a comunhão e doação plena que existe entre o Pai, o Filho e o Espírito Santo. Um mistério de amor para nos revelar que Deus não é solidão, mas é relação eterna; não é isolado, distante, mas participa e se torna presente.

O mistério da Trindade, portanto, é o tema central e originante de um itinerário de formação que destaque as aptidões a serem fomentadas em vista do ministério instituído.

3.1 A experiência de ser catequista em comunidade, à luz do mistério da Trindade

O mistério da Trindade explica como é rica a experiência de sinodalidade e como essa metodologia de ação precisa ser adotada em nossos grupos de catequistas, em nossas coordenações paroquiais, regionais e diocesanas.

Deus Uno e Trino, revelado em Jesus Cristo, ensina que a experiência de **comunhão** supera toda forma de dominação, autoritarismo e possessividade. A comunhão entre Pai, Filho e Espírito Santo se fundamenta no amor e na característica de indivisibilidade. Em outras palavras, o mistério de comunhão da Trindade nos ensina a superar o desejo de competição que nos distancia e nos impede de amar mais e melhor nossos irmãos e irmãs.

A Santíssima Trindade inspira nossas comunidades a uma **participação** integral com os dons, talentos e capacidades de cada pessoa. O Pai está para a paternidade, o filho está para a filiação e o Espírito está para a relação eterna entre Pai e Filho. Inspirar-se na vida íntima da Trindade é perceber que cada pessoa é criada à sua imagem e semelhança e, diante desta redescoberta, empenharmo-nos na defesa e promoção da dignidade humana, em todos os sentidos. O mistério da Trindade nos ensina a vencer o individualismo e o fechamento para oferecer o que Deus mesmo concede como competência para seus filhos e suas filhas em vista da edificação de seu Reino.

A Trindade Divina ensina que a missão é uma obra comunitária. O Pai, transbordando de amor, é criador do universo e de todas as formas de vida. Ele concede à humanidade a capacidade de conhecê-lo, amá-lo e louvá-lo por meio das obras, dos serviços aos homens e da criação inteira. O Filho, porque é obediente ao Pai, cumpre sua missão de redimir a humanidade e entregar a criação transformada pelo poder do Espírito que agiu em sua ressurreição, continua agindo nos fiéis e nas pessoas de boa vontade para que o Reino de Deus se estabeleça.

Pai, e Filho, e Espírito Santo não se confundem, mas se distinguem pela missão específica que desempenham. Eles não disputam atenção, mas agem juntos, porque são movidos pelo amor que lhes é próprio. A Trindade é a fonte de nossa motivação para o apostolado e nos motiva à conversão de nossas posturas de pecado e divisão, que causam escândalo e afastam as pessoas da comunidade.

A partir de pequenas inspirações, podemos redescobrir características da vocação de catequistas à luz das três Pessoas da Santíssima Trindade e aprender com a ternura do Pai, com a generosidade do filho e com pertencimento no Espírito. Essa é a chamada competência para a pedagogia divina, que é construída a partir da experiência de fé e de aprofundamento sobre a maneira como Deus, ao se revelar na história da humanidade, se aproxima, caminha, educa e promove a vida, garantindo vida em abundância a quem escolhe tê-lo como interlocutor.

3.1.1 Catequistas da acolhida e da ternura

O Diretório para a Catequese explica que a pedagogia divina tem diferentes estágios, acompanhando a história da humanidade. "Desde o princípio da criação, Deus nunca deixou de comunicar e mostrar sinais de seu amor ao ser humano" (DC, n. 11). Na criação, Deus cria os astros, terras e fontes d'água sustento de todas as formas de vida. E como corresponsáveis desse ato, o homem e a mulher são modelados e recebem o sopro da vida (Gn 2,7ss).

A pedagogia divina desenvolve-se, depois, no percurso da história, com patriarcas e matriarcas que buscam formar o povo de Deus na aliança de amor, tendo como critério de educação na fé a memória do Deus de Abraão, Isaac e Jacó, que se revela a Moisés e chama, numa nova etapa da história, juízes, sacerdotes, profetas e profetizas.

O ministério instituído de catequista se consolida como uma maneira de demonstrar como Deus cuida, educa e promove a vida de seus filhos e filhas em nossos dias, tendo como centro a memória de fé dos antepassados, costurando, assim, a História da Salvação.

Um ícone bíblico dessa manifestação paterna do Ministério Laical de Catequista é notável na profecia de Ezequiel:

> Assim diz o Senhor Deus: Eu mesmo vou procurar as minhas ovelhas. Eu próprio cuidarei delas como pastor, nos montes de Israel, nos vales e baixadas do país. Procurarei aquela que se perder, trarei de volta aquela que se desgarrar, curarei a que se machucar, fortalecerei a que estiver fraca (Ez 34,11.13.16).

É na tradição dos profetas que se cumpre a promessa de Deus, a Encarnação do Verbo, o Pastor das ovelhas de todos os rebanhos do mundo, Jesus Cristo.

A competência de acolhida e ternura é a participação de cada catequista na História da Salvação. Pela acolhida, demonstra-se a capacidade de escuta e de atenção à necessidade da pessoa. É o exercício de sair de si, das preferências particulares, para agir com paternidade e maternidade com tantas pessoas que buscam referência para as escolhas da vida. Na ternura está a experiência de amar como Deus, sem distinção, para curar e fortalecer quem buscar um redil de confiança nas dificuldades que enfrenta na vida. O profeta Oséias ensina a ternura nestes termos: "Ensinei Efraim a andar, segurando-o pela mão. Eu os atraí com laços de bondade, com cordas de amor. Fazia com eles como quem levanta até seu rosto uma criança; para dar-lhes de comer, eu me abaixava até eles" (Os 11,3-4).

Dessa competência de acolhida e ternura, é preciso dizer, brota a consciência de que catequese é ato, é atitude, é um fazer. Ser catequista é agir em nome da Igreja que recebe de Deus o mandato missionário de testemunhar seu amor e sua misericórdia. "Tudo o que a Igreja é e tudo o que a Igreja faz encontra seu fundamento último no fato de que Deus, em sua bondade e sabedoria, quis revelar o mistério de sua vontade, comunicando a si mesmo às pessoas" (DC, n. 11). Ser catequista é agir em nome da fé que recebeu da Igreja, sempre em sintonia com essa História de Salvação que não teve início em nossas conversões pessoais, mas encontra sua origem no coração de Deus, Criador e Providente.

3.1.2 Catequistas da generosidade e da singeleza

O Ministério Laical de Catequista pretende pessoas generosas, que transbordam a experiência do encontro com Cristo. Será também marcado pela singeleza dos gestos, dispensando toda postura de arrogância ou rudez na comunidade.

A referência para seguir a Jesus Cristo é a organização das primeiras comunidades cristãs. Dos relatos das Escrituras é possível compreender que o exercício de transmitir a fé era uma tarefa artesanal, feita de contato pessoal e testemunho de vida, pois o conteúdo dessa transmissão tem como finalidade gerar o encontro com a pessoa de Jesus Cristo por meio das palavras, dos gestos, das atitudes e das escolhas de quem anuncia.

O Papa Bento XVI explica que a obra do anúncio é sempre uma participação na atitude primeira de Deus de se revelar, que de maneira plena se revelou em seu Filho, Jesus de Nazaré, o Cristo da fé.

> As primeiras comunidades cristãs sentiram que a sua fé não pertencia a um costume cultural particular, que diverge de povo para povo, mas ao âmbito da verdade, que diz respeito igualmente a todos os homens. [...] De fato, a novidade do anúncio cristão é a possibilidade de dizer a todos os povos: Ele mostrou-Se. Ele em pessoa. E agora está aberto o caminho para Ele. A novidade do anúncio cristão não consiste num pensamento, mas num fato: Ele revelou-Se (VD, n. 92).

A fé cristã tem como centro o mistério da encarnação, vida, paixão e morte de Jesus Cristo, filho de Deus. Em meio a seu povo, familiares e autoridades, Jesus foi revelando, em gestos e palavras, o mistério de Deus que se aproxima, convive e salva/eleva. O homem Jesus é epifania da ternura de Deus. Caminhando entre as vilas, praias e casas, Jesus de Nazaré ensinou discípulos e discípulas a confiar no Pai, em sua misericórdia e em sua salvação.

O mistério da encarnação é também conhecido como mistério de rebaixamento, ou a quênosis de Deus, um movimento de descida à condição humana para resgatá-la e elevá-la. O Concílio Vaticano II ajuda a compreender os aspectos da competência de generosidade e de singeleza ensinados por Jesus:

> Na realidade, só no mistério do Verbo encarnado se esclarece verdadeiramente o mistério do homem. Com a encarnação o Filho de Deus se uniu de certo modo a cada homem. Trabalhou com mãos de homem, pensou com mente de homem, agiu com vontade de homem, amou com coração de homem. [...] O cristão, tornado conforme à imagem do Filho que é o primogênito entre a multidão dos irmãos, recebe as primícias do Espírito, que o tornam capaz de cumprir a lei nova do amor (GS, n. 22).

No caminho de descida para encontrar a humanidade, marcada por divisões e experiências negativas decorrentes do pecado, Jesus Cristo abre o caminho de retorno ao Pai, que o qualifica como redentor por generosidade e gratuidade.

> Este é o ponto central: Jesus "amou com coração de homem". Não só viveu com seus contemporâneos, vestindo-se como eles, usando suas palavras e trabalhando como eles, não só pensou e quis com mente e vontade de homem, mas participou da condição humana, amando com coração de homem. Seu "ser com" não podia ser expresso de modo mais real e eficaz. E ademais, os evangelhos não têm nenhum temor ou inibição para nos manifestar sua vivência concreta (ROCHETTA, 2002, p. 188).

A competência de generosidade é assimilada pelas aptidões de partilha e oferta de saberes e materiais que podem mudar a situação das pessoas. Tanto pelo conhecimento quanto pela doação material, é possível transformar vidas. A exemplo de Jesus que ensinava nas sinagogas e passava por diversos lugares curando doentes, erguendo os coxos, saciando os famintos, o Ministério Laical de Catequista exige a competência da generosidade manifestada pelo testemunho de qualidade, com palavras e ações.

Da mesma forma, a competência da singeleza revela nosso verdadeiro interesse de aproximação à condição humana. É preciso reaprender a conviver e ajudar a erguer as pessoas que as estruturas de pecado deixam caídas ou esquecidas. Tendo Jesus Cristo como referência, as novas gerações precisam de testemunhas convictas dos valores evangélicos, nestes dias em que os valores, as linguagens e os sinais/símbolos são ressignificados com mais velocidade.

3.1.3 Catequistas da comunhão e da pertença

Para instituir o Ministério de Catequista, o Papa Francisco parte da fonte bíblica, recorrendo ao apóstolo dos gentios, Paulo, para indicar que o Espírito Santo suscita em todo tempo as iniciativas necessárias para sustentar e animar a obra da evangelização da Igreja, de modo que "todas essas coisas é o único Espírito que realiza, distribuindo-as a cada um conforme quer" (1Cor 12,11).

No início de seu ministério como Bispo de Roma, o Papa Francisco exortava para que as novas ações evangelizadoras fossem inspiradas na experiência de Pentecostes, que promove comunhão e conserva a presença do Ressuscitado na comunidade.

> No Pentecostes, o Espírito faz os Apóstolos saírem de si mesmos e transforma-os em anunciadores das maravilhas de Deus, que cada um começa a entender na própria língua. [...] Jesus quer evangelizadores que anunciem a Boa-Nova, não só com palavras, mas sobretudo com uma vida transfigurada pela presença de Deus (EG, n. 259).

A competência de comunhão se fortalece na oração. Em nível pessoal e comunitário é a experiência de vida de oração que distingue os discípulos de Jesus das estruturas religiosas vigentes que manipulavam as consciências. Essa experiência aprimora a competência de comunhão ao colocar os envolvidos em processo de coparticipação e unidade em torno de um objetivo comum. Esse é o testemunho dos discípulos da primeira hora, quando voltando para Jerusalém, encontrando-se na sala, onde era de costume hospedar-se, fazer as refeições, mantiveram-se assíduos na oração (At 1,12-14). A vida de oração é um dos critérios para a escolha de lideranças na comunidade para o Ministério Laical de Catequista, isso implica estar atentos aos frutos que tal experiência de oração já tenha gerado em nível de comunhão comunitária, ou seja, o sentido de pertença, de relacionar-se e vincular-se.

A competência de pertença, entendida como modo de relacionar-se, de estabelecer vínculo, é intrínseca à motivação e ao desejo de revisitar a História da Salvação e perceber a ação do Espírito de Deus nas diferentes etapas da formação do povo. Em sintonia com patriarcas e matriarcas, juízes e juízas, profetas e profetisas, ser instituído ministros e ministras da catequese é assumir o propósito de ler os sinais dos tempos para responder com sentido de pertencer ao mesmo povo de Deus, reconhecendo seu papel frente às crises que têm afetado a humanidade em todas as dimensões (socioculturais, políticas e econômicas).

Comunhão e pertença são como que os dois pés, ilustram o passo a passo da caminhada dos evangelizadores, de catequistas e de lideranças, que se colocam com humildade no seguimento de Jesus Cristo, tendo certeza de que Nele está a referência e o sentido para existência numa época de crises. É na comunidade concreta, formada pelo encontro de pessoas, que se dá o discernimento e se concretiza a opção de vida.

Participar da comunidade, manter-se firme no aprofundamento da fé, na atenção aos necessitados e na oração comum é um desafio urgente ao Ministério Laical de Catequista.

3.2 A vida de comunhão: com os seus, com Deus, com a comunidade

Para o cumprimento do Ministério de Catequista é importante reforçar a competência para a participação ativa na comunidade (AM, n. 8). O ministério tem fundamento vocacional, isto é, uma relação de chamado e resposta; o primado de Deus e a decisão da pessoa, tendo como referência a comunidade de fé. Esse é um apelo que nos faz o Papa Francisco: "A Palavra de Deus convida-nos também a reconhecer que somos povo. [...] Para ser evangelizadores com espírito é preciso também desenvolver o prazer espiritual de estar próximo da vida das pessoas" (EG, n. 268).

Isso nos ajuda a compreender a postura de estar a serviço, o trabalho em função de outrem. Nesse sentido, é salutar que as relações de cada catequista com o seu grupo, com a sua comunidade e com Deus sejam avaliadas e renovadas em momentos de formação permanente, experiências de retiros, na oração pessoal, na Leitura Orante da Palavra, realizada pessoal e comunitariamente, nas manifestações da piedade popular, em ações em prol do bem comum, conforme orienta a Doutrina Social da Igreja.

A vida comunitária é a base da fé cristã. E em todos os tempos, a competência de formar comunidade orienta lideranças em cada etapa da história. Desde os tempos dos apóstolos, lemos nas Escrituras: "Eles eram assíduos no ensinamento dos apóstolos, na comunhão fraterna, na fração do pão e nas orações" (At 2,42). Essa é a meta de um itinerário de formação para ministros instituídos.

A competência da participação ativa na comunidade corresponde, portanto, à dimensão da espiritualidade. Aqui é preciso dizer que espiritualidade difere de devoções e maneiras pessoais de oração. A espiritualidade é dimensão, ou seja, parte integrante da fé herdada da comunidade crente. A mistagogia, como processo contínuo da vivência do Mistério Pascal de Jesus Cristo, é dimensão importante das competências para o ministério instituído. De cada fiel leigo e leiga, instituídos *Ministros da Catequese*, espera-se que possam constantemente "olhar com os olhos da fé as realidades humanas e interpretar à luz do Evangelho as realidades humanas" (DC, n. 199).

As pessoas responsáveis pelos itinerários de formação para o ministério instituído precisam recuperar o legado das escolas de espiritualidade da Tradição da Igreja, visitando os carismas que refletindo a luz de Cristo ajudam no discernimento da "opção fundamental" feita na fé. O verdadeiro sentido da espiritualidade é o encontro com a realidade. A espiritualidade conduz a pessoa de fé para o mundo concreto, desenvolve a sensibilidade e o desejo de encontro, desfazendo as marcas de fechamento, segregação espiritualista ou setorização eclesial.

3.3 Vivências de espiritualidade de comunhão

O Diretório para a Catequese, no seu capítulo 4, elenca os critérios para a formação de catequistas, o primeiro deles é: ***espiritualidade missionária e evangelizadora***. Os demais critérios precisam ser contemplados em sintonia com esse, a saber: catequese como formação integral, estilo de acompanhamento, coerência entre os estilos formativos, perspectiva da *docibilitas* e da autoformação e dinâmica de laboratório no contexto de grupo (cf. DC, n. 135).

A seguir, propomos um itinerário de vivências de espiritualidade para desenvolver em nós as competências essenciais de comunhão e vida fraterna. São exercícios que podem ser desenvolvidos em pequenos grupos ou de modo individual, mas na perspectiva do envio missionário que cada catequista é chamado a amadurecer em seu discernimento vocacional.

Estas vivências são orientadas por textos dos Padres da Igreja, isto é, são textos que remontam ao início da fé cristã, da época da Patrística, para manter a unidade da Igreja nascente com a nossa comunidade de fé nos dias atuais. No campo da teologia, estes exercícios são conhecidos como *Lectio Patrum*, a exemplo da *Lectio Divina*, trata-se da leitura e meditação dos textos que orientaram a fé dos primeiros cristãos.

Exercício 1: *Lectio Patrum*
Quem nos deu a vida também nos ensinou a orar

Os preceitos evangélicos, irmãos caríssimos, não são outra coisa que ensinamentos divinos, fundamentos para edificar a esperança, bases para consolidar a fé, alimento para revigorar o coração, guias para mostrar o caminho, garantias para obter a salvação. Enquanto instruem na terra os espíritos dóceis dos que creem, eles os conduzem para o Reino dos céus.

Outrora quis Deus falar e fazer-nos ouvir de muitas maneiras pelos profetas, seus servos. Mas muito mais sublime é o que nos diz o Filho, a Palavra de Deus, que já estava presente nos profetas e agora dá testemunho pela sua própria voz. Ele não manda mais preparar o caminho para aquele que há de vir, mas vem, ele próprio, mostrar-nos e abrir-nos o caminho para que nós, outrora cegos e imprevidentes, errantes nas trevas da morte, iluminados agora pela luz da graça, sigamos o caminho da vida, sob a proteção e guia do Senhor.

Entre as exortações salutares e os preceitos divinos com que orienta seu povo para a salvação, o Senhor ensinou o modo de orar e nos instruiu e aconselhou sobre o que havemos de pedir. Quem nos deu a vida, também nos ensinou a orar com a mesma bondade com que se dignou conceder-nos tantos outros benefícios, a fim de que, dirigindo-nos ao Pai com a súplica e oração que o Filho nos ensinou, sejamos mais facilmente ouvidos.

Jesus havia predito que chegaria a hora em que os verdadeiros adoradores adorariam o Pai em espírito e em verdade. E cumpriu o que prometera. De fato, tendo nós recebido por sua graça santificadora o Espírito e a verdade, podemos adorar a Deus verdadeira e espiritualmente segundo os seus ensinamentos.

Pode haver, com efeito, oração mais espiritual do que aquela que nos foi ensinada por Cristo, que também nos enviou o Espírito Santo? Pode haver prece mais verdadeira aos olhos do Pai do que aquela que saiu dos lábios do próprio Filho que é a Verdade? Assim, orar de maneira diferente da que o Senhor nos ensinou não é só ignorância, mas também culpa, pois ele mesmo disse: Anulais o mandamento de Deus a fim de guardar as vossas tradições (cf. Mc 7,9).

Oremos, portanto, irmãos caríssimos, como Deus, nosso Mestre, nos ensinou. A oração agradável e querida por Deus é a que rezamos com as suas próprias palavras, fazendo subir aos seus ouvidos a oração de Cristo.

Reconheça o Pai as palavras de seu Filho, quando oramos. Aquele que habita interiormente em nosso coração, esteja também em nossa voz; e já que o temos junto ao Pai como advogado por causa de nossos pecados, digamos as palavras deste nosso advogado quando, como pecadores, suplicarmos por nossas faltas. Se ele disse que tudo o que pedirmos ao Pai em seu nome nos será dado (cf. Jo 14,13), quanto mais eficaz não será a nossa súplica para obtermos o que pedimos em nome de Cristo, se pedirmos com sua própria oração!

Texto: Tratado sobre a Oração do Senhor, de São Cipriano – séc. III (LITURGIA DAS HORAS, 2000, p. 91-92).

- ✓ De que maneira damos testemunho da mudança de vida e da confiança em Deus pela vida de oração pessoal e comunitária? Conversar sobre a catequese no grupo de catequistas e anotar as considerações do grupo.

Exercício 2: *Lectio Patrum*
O primogênito da nova criação

Começou o reino da vida e foi dissolvido o império da morte. Apareceu um novo nascimento, uma vida nova, um novo modo de viver; a nossa própria natureza foi transformada. Que novo nascimento é este? É o daqueles que não nasceram do sangue nem da vontade da carne nem da vontade do homem, mas de Deus mesmo (Jo 1,13).

Tu perguntas: como isto pode acontecer? Escuta-me, vou te explicar em poucas palavras.

Este novo ser é concebido pela fé; é dado à luz pela regeneração do batismo; tem por mãe a Igreja que o amamenta com sua doutrina e tradições. Seu alimento é o pão celeste; sua idade adulta é a santidade; seu matrimônio é a familiaridade com a sabedoria; seus filhos são a esperança; sua casa é o reino; sua herança e riqueza são as delícias do paraíso; seu fim não é a morte, mas aquela vida feliz e eterna que está preparada para os que dela são dignos.

Este é o dia que o Senhor fez para nós (Sl 117,24), dia muito diferente daqueles que foram estabelecidos desde o início da criação do mundo e que são medidos pelo decurso do tempo.

Este dia é o início de uma nova criação. Nele Deus faz um novo céu e uma nova terra, como diz o Profeta. Que céu é este? Seu firmamento é a fé em Cristo. E que terra é esta? O coração bom, de que fala o Senhor, é a terra que absorve a água das chuvas e produz frutos em abundância.

O sol desta nova criação é uma vida pura; as estrelas são as virtudes; a atmosfera é um comportamento digno; o mar é a profundidade da riqueza, da sabedoria e da ciência (Rm 11,33). As ervas e as sementes são a boa doutrina e a Escritura divina, onde o rebanho, isto é, o povo de Deus, encontra sua pastagem e alimento; as árvores frutíferas são a prática dos mandamentos.

Neste dia, o verdadeiro homem é criado à imagem e semelhança de Deus. Não é, porventura, um novo mundo que começa para ti neste dia que o Senhor fez? Não diz o Profeta que esse dia e essa noite não têm igual entre os outros dias e noites?

Mas ainda não explicamos o dom mais precioso que recebemos neste dia de graça. Ele destruiu as dores da morte e deu à luz o primogênito dentre os mortos.

Subo para junto do meu Pai e vosso Pai, meu Deus e vosso Deus (Jo 20,17), diz o Senhor Jesus. Que notícia boa e maravilhosa! O Filho Unigênito de Deus, que por nós se fez homem, a fim de nos tornar seus irmãos, apresenta-se como homem diante de seu verdadeiro Pai, para levar consigo todos os novos membros da sua família.

Texto: Dos Sermões de São Gregório de Nissa – séc. IV (LITURGIA DAS HORAS, 2000, p. 743-744).

✓ De que maneira o nosso agir na catequese dá testemunho da ressurreição de Cristo, formando a família dos que vivem a vida nova? Conversar sobre a catequese no grupo de catequistas e anotar as considerações do grupo.

Exercício 3: *Lectio Patrum*
A água viva do Espírito Santo

A água que eu lhe der se tornará nele fonte de água viva, que jorra para a vida eterna (Jo 4,14). Água diferente, esta que vive e jorra; mas jorra apenas sobre os que são dignos dela.

Por que motivo o Senhor dá o nome de "água" à graça do Espírito Santo? Certamente porque tudo tem necessidade de água; ela sustenta as ervas e os animais. A água das chuvas cai dos céus; e embora caia sempre do mesmo modo e na mesma forma, produz efeitos muito variados. De fato, o efeito que produz na palmeira não é o mesmo que produz na videira; e assim em todas as coisas, apesar de sua natureza ser sempre a mesma e não poder ser diferente de si própria. Na verdade, a chuva não se modifica a si mesma em qualquer das suas manifestações. Contudo, ao cair sobre a terra, acomoda-se às estruturas dos seres que a recebem, dando a cada um deles o que necessita.

Com o Espírito Santo acontece o mesmo. Sendo único, com uma única maneira de ser e indivisível, distribui a graça a cada um conforme lhe apraz. E assim como a árvore ressequida, ao receber água, produz novos rebentos, assim também a alma pecadora, ao receber do Espírito Santo o dom do arrependimento, produz frutos de justiça. O Espírito tem um só e o mesmo modo de ser; mas, por vontade de Deus e pelos méritos de Cristo, produz efeitos diversos.

Serve-se da língua de uns para comunicar o dom da sabedoria; ilumina a inteligência de outros com o dom da profecia. A este dá o poder de expulsar os demônios; àquele concede o dom de interpretar as Sagradas Escrituras. A uns fortalece na temperança, a outros ensina a misericórdia; a estes inspira a prática do jejum e como suportar as austeridades da vida ascética; e àqueles o domínio das tendências carnais; a outros ainda prepara para o martírio. Enfim, manifesta-se de modo diferente em cada um, mas permanece sempre igual a si mesmo, como está escrito: A cada um é dada a manifestação do Espírito em vista do bem comum (1Cor 12,5).

Branda e suave é a sua aproximação; benigna e agradável é a sua presença; levíssimo é o seu jugo! A sua chegada é precedida por esplêndidos raios de luz e ciência. Ele vem com o amor entranhado de um irmão mais velho: vem para salvar, curar, ensinar, aconselhar, fortalecer, consolar, iluminar a alma de quem o recebe, e, depois, por meio desse, a alma dos outros.

Quem se encontra nas trevas, ao nascer do sol recebe nos olhos a sua luz, começando a enxergar claramente coisas que até então não via. Assim também, aquele que se tornou digno do Espírito Santo, recebe na alma a sua luz e, elevado acima da inteligência humana, começa a ver o que antes ignorava.

Texto: Das Catequeses de São Cirilo de Jerusalém – séc. IV (LITURGIA DAS HORAS, 2000, p. 876-877).

- O que a Catequese de São Cirilo nos ensina para nossa formação permanente de catequistas? Conversar sobre a catequese no grupo de catequistas e anotar as considerações do grupo.

Exercício 4: *Lectio Patrum*
Ação de graças à Trindade

Ó Divindade eterna, ó eterna Trindade, que pela união da natureza divina tanto fizeste valer o sangue de teu Filho unigênito! Tu, Trindade eterna, és como um mar profundo, onde quanto mais procuro mais encontro; e quanto mais encontro, mais cresce a sede de te procurar. Tu sacias a alma, mas de um modo insaciável; porque, saciando-se no teu abismo, a alma permanece sempre sedenta e faminta de ti, ó Trindade eterna, cobiçando e desejando ver-te à luz de tua luz.

Provei e vi em tua luz com a luz da inteligência, o teu insondável abismo, ó Trindade eterna, e a beleza de tua criatura. Por isso, vendo-me em ti, vi que sou imagem tua por aquela inteligência que me é dada como participação do teu poder, ó Pai eterno, e também da tua sabedoria, que é apropriada ao teu Filho unigênito. E o Espírito Santo, que procede de ti e de teu Filho, deu-me a vontade que me torna capaz de amar-te.

Pois tu, ó Trindade eterna, és criador e eu criatura; e conheci – porque me fizeste compreender quando de novo me criaste no sangue de teu Filho – conheci que estás enamorado pela beleza de tua criatura.

Ó abismo, ó Trindade eterna, ó Divindade, ó mar profundo! Que mais poderias dar-me do que a ti mesmo? Tu és um fogo que arde sempre e não se consome. Tu és que consomes por teu calor todo o amor profundo da alma. Tu és de novo o fogo que faz desaparecer toda frieza e iluminas as mentes com tua luz. Com esta luz me fizeste conhecer a verdade.

Espelhando-me nesta luz, conheço-te como Sumo Bem, o Bem que está acima de todo bem, o Bem feliz, o Bem incompreensível, o Bem inestimável, a Beleza que ultrapassa toda beleza, a Sabedoria superior a toda sabedoria. Porque tu és a própria Sabedoria, tu, o pão dos anjos, que no fogo da caridade te deste aos homens.

Tu és a veste que cobre minha nudez; alimentas nossa fome com a tua doçura, porque és doce sem amargura alguma. Ó Trindade eterna!

Texto: Do Diálogo sobre a divina Providência, de Santa Catarina de Sena – séc. XVI (LITURGIA DAS HORAS, 2000, p. 1551-1552)

- Como a reflexão de Santa Catarina de Sena nos inspira para a vivência da espiritualidade de comunhão à luz da Trindade? Conversar sobre a catequese no grupo de catequistas e anotar as considerações do grupo.

4

Formação pedagógico-catequética

A Catequese do Brasil, hoje, situa-se como fruto de uma longa reflexão sobre a necessidade de mudar a concepção de uma catequese centrada na Doutrina para uma concepção de catequese como processo de iniciação cristã de inspiração catecumenal.

Essa ideia foi abraçada pelos Bispos do Brasil, em 2005, quando na 43ª Assembleia Geral (2005), aprovam o Diretório Nacional de Catequese (DNC), lançado em 2006, abrindo perspectivas para o tema da Iniciação à Vida Cristã, que foi o eixo temático e a ênfase do Ano Catequético Nacional, em 2009. Desde então, muito se fez no sentido de orientar a caminhada da Igreja, que busca, no catecumenato dos primeiros séculos, uma inspiração para novas práticas. Para tal empreendimento, há uma efetiva preocupação por parte daqueles que atuam na formação dos catequistas para que eles possam levar adiante tal proposta com segurança, eficiência e qualidade.

Em continuidade aos avanços, na 59ª Assembleia Geral da CNBB (2022), na cidade de Aparecida (SP), os Bispos do Brasil propuseram um itinerário formativo para instituir o Ministério de Catequista a ser efetivado pelas escolas Diocesanas de catequese, institutos e faculdades católicas, de acordo com cada realidade. Essa decisão vem corroborar aos anseios dos formadores que, vivendo momentos de insegurança nos rumos a serem tomados, o recebem com grande expectativa e esperança.

Ao proporcionar esse itinerário de formação aos catequistas brasileiros, a CNBB responde a uma solicitação do Papa Francisco na "Carta Apostólica em forma de *Motu Proprio Antiquum Ministerium*", na qual pede às conferências episcopais do mundo que orientem um processo de formação aos candidatos que irão receber este "antigo ministério" eclesial de catequista.

Em vista de tal acontecimento, propomos "um pensar" sobre um itinerário formativo que possibilite ao catequista encontrar os principais conteúdos pelos quais todo aquele que acolhe o chamado de Jesus se dispõe a seguir o seu caminho, a abraçar seu estilo de vida na Igreja e no mundo.

Inspirados no Diretório para a Catequese (DC, n. 136-150), propomos refletir as possibilidades de fazer emergir conteúdos significativos ao homem e a mulher de hoje, a partir das dimensões da formação: dimensão do SER, dimensão do SABER SER COM, dimensão do SABER, dimensão do SABER FAZER, deixando claro que são interdependentes e correspondem aos aspectos da unidade indivisível da formação destinada a catequistas e agentes de Pastoral.

Ao tratar destas dimensões da formação do catequista, o Diretório para a Catequese apresenta uma grande sensibilidade educativa-pedagógica, procurando acolher e tornar possível sua aplicação nos itinerários de formação com os catequistas.

4.1 A formação integral de catequista

Observando com atenção o conteúdo de Atos 2,14, vemos Pedro, junto dos demais apóstolos, em pé, com voz alta e paixão, fazer o primeiro anúncio querigmático aos incrédulos que o ouviam: "Homens da Judeia e todos vocês que se encontram em Jerusalém! Prestem atenção nas minhas palavras" (At 2,14). Inicia aí a catequese de Pedro e seu ministério de anunciador do Evangelho.

Assumir a catequese como um ministério é muito mais que reconhecer simplesmente o seu papel de anunciador do Evangelho. É uma atitude eclesial que põe em evidência a vocação e a missão do catequista, reconhecendo seu papel fundamental no processo de evangelizar e de ser porta voz da Igreja na vida da comunidade. Somente uma boa educação da fé será capaz de favorecer a habitação de Deus em nós.

O momento histórico em que vivemos, com seus valores e contravalores, desafios e mudanças, exige dos evangelizadores preparo, qualificação e atualização. Nesse contexto, a formação catequética de homens e mulheres é prioridade absoluta da Igreja (DC, n. 130), pois ela favorece a transformação da pessoa a partir da interiorização da mensagem do Evangelho que a configura a Cristo (DC, n. 131). É dessa profunda experiência com Cristo que o catequista reestrutura todo o seu ser, se redefine em um movimento de transformação que o habilita a anunciar e narrar a fé na própria cultura imbuída do significado evangélico.

Nesse mesmo contexto histórico se percebe, cada vez mais, que se faz necessário criar um ambiente que proporcione um estilo próprio e original no processo formativo, que leve em conta as dimensões constitutivas da pessoa humana na sua integralidade.

4.1.1 Em busca de uma cultura da formação permanente

A indagação bíblica apresentada pelo evangelista: *Mas o Filho do Homem, quando vier, irá encontrar a fé sobre a terra?" (Lc 18,8)* nos leva a pensar sobre a necessidade de manter viva a fé. E mais ainda, que ela deva ser cultivada com esmero e de forma permanente. Para isso, podemos nos perguntar: acreditamos, de fato, na formação sistematizada e permanente de catequistas? Tempos atrás, dizia-se ser a culpa da formação inicial ou até da não formação dos catequistas, a fragilidade do compromisso da fé vivida no cotidiano.

No entanto, a formação permanente é ainda uma ideia vaga e superficial, mas constantemente recomendável. Eis talvez a razão pela qual se tenha tanta dificuldade em torná-la uma prática habitual na catequese. É preciso tornar a formação um hábito, fazendo-o interagir com as quatro dimensões: *ser, saber ser com, saber, saber fazer*, para que, de alguma forma, venha colaborar com os catequistas na apresentação da mensagem de Jesus, com qualidade e paixão, assim como fez Pedro em Atos 2,14. A atitude de Pedro é um exemplo de fidelidade à vocação e missão daqueles que se dispõem a anunciar Jesus Cristo em todos os cantos da terra.

A formação do catequista é um desafio constante, pois trata-se de uma experiência que exige um planejamento organizado com todos os detalhes, sempre partindo de situações diferentes. O que a faz diferente e desafiadora é a exigência de uma renovada e constante atualização do sentido da fé, a partir de um engajamento integrado no meio da vida do povo, fazendo com que a fé seja compreensível e desejada. Esse processo se faz com o diálogo entre fé e cultura de modo que a presença do catequista seja testemunho dos valores do Evangelho no próprio contexto social.

É esta a tarefa que nos aguarda hoje: criar uma cultura da formação permanente. Para isso, é preciso compreender o que significa os dois termos: cultura e formação.

CULTURA – O termo cultura pode ser usado em vários sentidos. O mais usual é relacioná-lo ao estudo, ao conhecimento. No entanto, o utilizamos não apenas nesse sentido, mas dando significado ao envolvimento pessoal para construir algo no qual se crê e do qual se tem convicção, que se torna, sempre mais, patrimônio de todos. É nesse sentido que desejamos falar de cultura da formação permanente.

Se o objetivo é criar uma "cultura", será indispensável estabelecer caminhos que conduzam, progressivamente, o indivíduo e a comunidade nessa direção, mediante uma práxis constante que se estenda sempre mais à dinâmica da vida, tornando-se um hábito de todos aqueles que atuam na Igreja.

FORMAÇÃO – Quando falamos de formação, geralmente nos colocamos numa perspectiva doutrinal, imediatamente associada aos conteúdos. No entanto, queremos ir além, ou seja, à medida que o sujeito tem acesso a formação e a incorpora em seus contextos pessoal e social vai, lentamente, organizando-a, adaptando-a as novas realidades, desejando-a cada vez mais.

Para melhor entendermos o processo de formação é necessário analisar os caminhos já percorridos, e ainda o são, por alguns formadores e pelos próprios catequistas, a fim de nos posicionarmos em relação ao processo formativo que desejamos.

Segundo Amadeo Cencini (2012), presbítero italiano e especialista em formação humana, são três modelos de formação a serem observados. O primeiro modelo tem como palavra-chave a IMITAÇÃO DO SENHOR JESUS, suas virtudes e estilo de vida. O risco de tal modelo é a de ser apenas um imitador de Jesus. Imitar, por si, implica, sobretudo, o aspecto externo, o comportamento. No entanto, isso não significa, necessariamente, uma transformação interna, profunda naquele que é imitador. O segundo modelo consiste em "[...]definir [que] o processo formativo gira em torno de uma expressão de origem evangélica – SEQUELA – Esse termo supõe alguém que vai adiante e convida outros a segui-lo, caminhando sob suas pegadas" (CENCINI, 2012, p. 27. Grifo nosso). Ainda nesse modelo essa relação:

> [...] se situa no centro da vida dos discípulos; nasce pelo caminho, isto é, não se nutre apenas de belas palavras e de promessas vazias, mas imprime uma efetiva mudança de direção da própria vida. [...] É absolutamente pessoal e "afetiva", visto que o mais importante do que o caminho a ser percorrido é o Mestre que deve ser amado e seguido (CENCINI, 2012, p. 27).

O terceiro modelo da formação – a IDENTIFICAÇÃO, é aquele que nos é oferecido pelo convite de Paulo na carta aos cristãos de Filipos: "Tende em vós os mesmos sentimentos de Cristo Jesus" (Fl 2,5). Para tanto, é necessário ter presente que:

> A atenção em relação à *imitação e sequela*, é obviamente sempre concentrada em Cristo, o Mestre; porém, agora parece deslocar-se do exterior para o interior. [...] É um deslocamento decisivamente significativo, dado que remete a uma diferente concepção de formação, cujo objeto não é somente a conduta exterior, mas o complexo mundo interior: sentimentos, sensações, emoções, motivações, paixões, impulsos, instintos, afetos, modos de vibrar por dentro ou situar-se diante da vida (CENCINI, 2012, p. 28).

Portanto, muito além da *imitação* e da *sequela*, vistas como aspectos do processo formativo, embora pondo-se em continuidade com elas, integrando e assumindo seus inquestionáveis valores, nos parece que o modelo da *identificação* seja mais condizente com a proposta eclesial, que é visivelmente conclamada através dos pronunciamentos da Igreja: oportunizar uma experiência pessoal com Jesus Cristo, sem perder de vista a interação entre exterior e interior da dinâmica formativa.

4.1.2 O trabalho coletivo como espaço de formação

Em termos teóricos, sabemos que uma catequese pensada e executada por todos que nela atuam tem maiores chances de ser adequada aos interesses do grupo de catequistas. E a proposição de um projeto formativo coletivo, de caráter permanente, parece ser algo a que ninguém se opõe. No entanto, em termos práticos, sabemos que uma tarefa coletiva é uma conquista muito difícil, pois envolve expectativas e desejos dos sujeitos que dela participam.

Como a catequese tem seu papel já definido – espaço de educação da fé, por vezes, seus interlocutores nem sempre se questionam sobre o tipo de catequese que desejam para si. Mas nesse processo de formação sobre os que têm a missão de transmitir a fé muito se tem a dizer, desejar e esperar. Dessa condição deriva uma outra, que é a tomada de consciência do grupo de catequistas sobre suas ações e o conhecimento que possuem sobre o contexto em que atuam.

Nesse sentido, é necessário estimular a reflexão no processo de formação pessoal e coletivo dos catequistas para tornar possível a tomada de decisões pedagógicas e metodológicas, visando a proposição de alternativas para superar os problemas, promover a constante retomada da atividade catequética e propiciar condições para o seu desenvolvimento, tornando-os autores de sua própria formação.

Essa tarefa formadora, articuladora e transformadora não é tarefa fácil, primeiro, porque não há fórmulas prontas a serem reproduzidas. É preciso criar soluções adequadas para cada realidade. Segundo, porque mudar práticas já consolidadas não se resume a uma tarefa técnica de implementação de novos modelos a substituir programas e métodos, mas trata-se de atenuar os conflitos entre os catequistas, originados de visões de mundo, expectativas e interesses diferentes. Ainda demanda empreender mudanças em toda a estrutura organizacional da catequese e, em especial, no processo formativo, pois requer desenvolver competências e habilidades envolvendo as dimensões necessárias ao seu Ministério de Catequista.

As considerações acima podem não ser novidade. Mas foram retomadas para reforçar a dificuldade e a importância fundamental do trabalho que pede e precisa ser desenvolvido na coletividade, pois é nesse espaço coletivo que os catequistas, ao se "formarem em serviço", podem responder aos desafios da catequese e ao mesmo tempo construir sua formação pessoal.

É preciso, por isso, investir nesse espaço coletivo e isso significa que é preciso motivar os catequistas a investir na sua formação, reconhecendo-se como protagonistas desse processo para poder exercer sua plena missão de educador da fé.

4.1.3 Uma inspiração para a formação de catequistas

Com a intenção de ajudar a estruturar e organizar a formação permanente do catequista, tendo em vista a realidade na qual está inserido, o Diretório para a Catequese nos apresenta alguns aspectos significativos nomeados para servir de inspiração para iniciar ou revisar os processos formativos nas dioceses e respectivas comunidades: espiritualidade missionária e evangelizadora; catequese como formação integral; estilo de acompanhamento; coerência entre os estilos formativos; dinâmicas do laboratório, no contexto de grupo; perspectivas da *docibilitas* e autoafirmação (cf. DC, n.135).

Requer atenção o aspecto - *docibilitas* – é um termo originário do latim que significa "ensinabilidade", ou melhor, "deixar-se ensinar, aprender". Muitas vezes é confundido com *docilitas*, pessoa dócil, livre para aderir a uma vontade diferente da sua, deixar-se convencer-se, de alguma forma, por outra pessoa com facilidade. É obediente à autoridade e, portanto, um tanto passiva a espera de que alguém tome a iniciativa na defesa de seus próprios pontos de vista.

A *docibilitas* é a superação da simples *docilitas*. O primeiro termo refere-se a quem aprendeu outro tipo de liberdade, o deixar-se tocar e provocar pelas outras pessoas, situações boas ou más, ou seja, deixa-se educar pela experiência do dia a dia, pelo relacionamento com os outros, por seus próprios fracassos.

Colocadas juntas – *docibilitas* e *docilitas* – se complementam. Isso porque encontramos uma abertura positiva na pessoa dócil, atenta a realidade (*docilitas)* e a pessoa livre para aprender, instruir-se, educar-se, deixa-se questionar (*docibilitas*). É exatamente isso que conecta à disposição interior da pessoa com a formação permanente (cf. CENCINI, 2012, p. 54-56).

Os elementos da docibilidade são assim percorridos: em primeiro lugar, uma responsabilidade pessoal, de adulto, que diz a si mesmo: eu sou o primeiro responsável por meu crescimento, por minha caminhada de formação. Com isso, reconhece ser chamado a sair do infantilismo e da dependência para tornar-se adulto. Trata-se de uma responsabilidade que aceita responder ao amor de Deus na liberdade sem a pretensão de ser perfeito. Em segundo lugar, a integração da própria experiência na história pessoal, do modo como se desenvolveu e vai se desdobrando sem medo dos possíveis fracassos, sabendo aprender com eles. Outro elemento é a necessidade de uma boa base formativa a qual favoreça a sensibilidade interior da pessoa para reconhecer Deus falando mediante os acontecimentos, nos fatos mais tristes e dolorosos, que podem se tornar preciosa Palavra de Deus, pelo convite a conversão. Esse talvez seja o elemento fundamental do *docibilitas,* a capacidade de relação de alteridade, ou seja, numa relação de respeito aquilo que é do outro, na busca de uma sociedade justa, equilibrada e tolerante.

4.2 As competências para a formação integral de catequistas

A sociedade contemporânea é a era da tecnologia e da informação. Isso se deve à facilidade que temos em acessar às informações e aos conteúdos, principalmente depois do surgimento e da expansão da internet. Nesse cenário, homens e mulheres do século XXI se veem pressionados a mudar seu comportamento em relação ao acesso aos saberes, movimentando-se com agilidade, criatividade e presteza neste mundo tecnológico.

Portanto, novos caminhos precisam ser estabelecidos, a fim de preparar as pessoas para lidar com as situações de seu cotidiano, tornando-as capazes de resolver problemas reais diante da profusão de informações. Essa postura demonstra alinhamento com as tendências atuais de enfatizar a importância da pessoa vir a ser protagonista, e do catequista por extensão, de seu próprio processo de ensino e aprendizagem, sabendo transformar informação em ação, em sabedoria de vida.

Diante dessa realidade, muito tem-se discutido a respeito do conceito de competência. Essa reflexão também se faz necessária no processo de formação de catequistas, que precisa contribuir no desenvolvimento de **competências**, assegurando-lhes o acesso a **conhecimentos** significativos necessários à sua atuação, bem como, desenvolver e exercitar **habilidades** como instrumentos que ajudem a lidar com os desafios pessoais e de grupos, permitindo que sejam assumidas **atitudes** segundo seus próprios critérios.

4.2.1 Fundamentação do que é competência

O grande desafio das organizações e instituições, hoje, é transformar o conhecimento desenvolvido, através de experiências adquiridas ao longo da vida a médio prazo, em conhecimento explícito, imediato, como o compartilhamento de imagens, textos, fotografias, vídeos.

Para tanto, é necessário desenvolver habilidades que levem às pessoas de tais organizações e instituições a tomar atitudes positivas em relação ao seu bom desempenho. Assim, é necessário o domínio do significado dos termos associados a competência: conhecimento, habilidade e atitude.

CHA: conhecimento, habilidade e atitude, o que é isso?

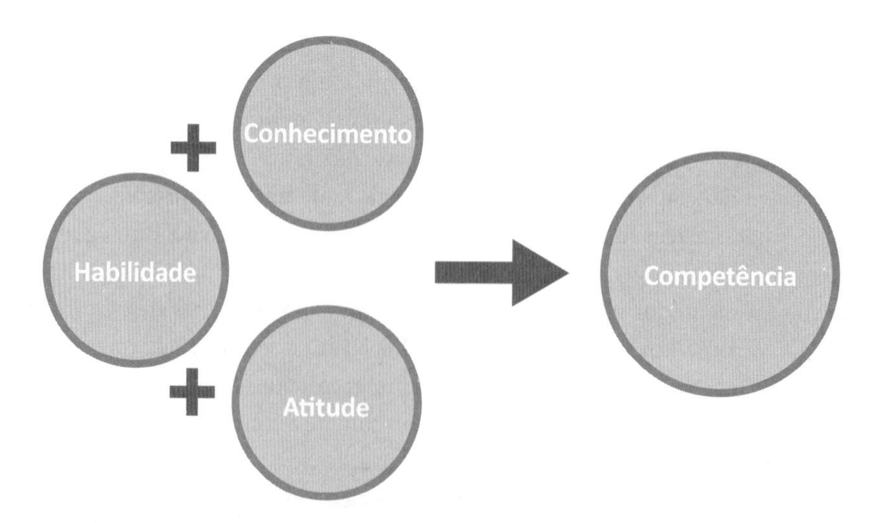

CHA é um acrônimo para conhecimento, habilidade e atitude. É um conceito proposto em 1996 por Scott B. Parry, em sua obra *The quest for competencies*. Esse é considerado como o tripé das competências, sendo manifestado na forma de pensar, sentir e agir da pessoa. No entanto, para que a competência seja desenvolvida de forma consistente, é necessário que conhecimento, habilidade e atitudes sejam aplicados em conjunto.

Vamos entender melhor cada um dos elementos que compõe o CHA:

CONHECIMENTO - O conhecimento é o saber. É o que as pessoas aprendem nas escolas, nas universidades, nos livros, no trabalho e, especificamente, em suas vidas. O ser humano sabe muitas coisas, aprende cada vez mais no decorrer dos dias, e as usa nas interações socioculturais nas quais está envolvido. O termo competência tem sua origem no latim "*competere*", que significa uma aptidão para cumprir alguma tarefa ou função. Por isso, pode-se dizer que a competência está associada ao conhecimento e também as habilidades. Competências, o plural, são um conjunto de habilidades e conhecimentos relacionados os quais permitem que uma pessoa atue efetivamente em um trabalho ou situação.

HABILIDADE - A habilidade é o ***saber fazer***. No plural, as habilidades servem para descrever um conjunto de capacidades que ajudam o indivíduo a alcançar algum objetivo. Assim, podemos entender que as habilidades, são ações (cognitivas ou práticas) a serem apreendidas pelas pessoas. Por serem ações, estão sempre associadas a verbos, tais como: classificar, apontar, reconhecer, descrever, planejar, compreender, comparar, construir, categorizar, escrever, apresentar, demonstrar e operacionalizar.

Em geral, as habilidades se associam umas às outras, possibilitando o desenvolvimento de competências. Há uma preocupação de que as competências se relacionem às etapas de desenvolvimento cognitivo, por isso as competências são diferentes para cada etapa da vida.

É importante que as habilidades sejam desenvolvidas de forma crescente, progressiva: da mais simples à mais complexa. Ou, em alguns casos, quando o desenvolvimento de uma habilidade depende de uma anterior, por exemplo: só é possível desenvolver a habilidade de gravar um *podcast* se antes outras habilidades tenham sido desenvolvidas, tais como saber usar o programa de gravação, selecionar conteúdos, elaborar roteiro, etc. Assim, podemos notar que a competência dialoga com as habilidades. Ou seja, a competência em interação com a capacidade de mobilizar recursos, conhecimentos ou vivências para o sujeito atuar na vida cotidiana de forma consciente e crítica.

Em razão do contexto em que vivemos, a sociedade atual necessita de pessoas com competências e habilidades para tomar decisões; liderar; resolver conflitos; utilizar adequadamente os conhecimentos adquiridos ao longo da vida.

ATITUDE - A atitude, por sua vez, é o que leva as pessoas a decidirem se irão ou não exercitar as habilidades interligadas a determinados conhecimentos. Ou melhor dizendo, é *o **querer fazer***. É a concretização de uma intenção ou propósito.

Podemos perceber que o CHA, aplicado na catequese, propicia realizar um processo de formação que contribui para alcançar objetivos, tendo em vista o bom desempenho de catequistas.

4.2.2 Conhecimentos e habilidades indispensáveis para um bom desempenho

Assim, além do conjunto de conhecimentos, atitudes e comportamentos que compõem as competências necessárias para realizar certas atividades, muitas são as habilidades indispensáveis ao exercício do desempenho do catequista. É preciso "mapeá-las" para fornecer uma formação adequada. Vejamos o que é necessário para desenvolver algumas habilidades, dentre outras, necessárias à atuação do catequista:

Boa comunicação - Pessoas comunicativas conseguem se adaptar muito mais rápido no meio em que se propõem a atuar, costumam engajar e persuadir quem está por perto, o que é uma vantagem enorme. No entanto, essa habilidade precisa ser desenvolvida não só para a comunicação oral e escrita, como também para recorrer a outras diferentes linguagens, como a corporal, visual, sonora e digital, para se expressar, partilhar informações, experiências e ideias nas mais diferentes situações. Ter uma linguagem concisa, clara e apropriada, faz toda a diferença. Outra ideia é manter contato visual enquanto fala para prender a atenção das pessoas.

Trabalho em equipe - desenvolver parcerias e relacionamentos fortes com os colegas de trabalho também é, de certa forma, uma habilidade. Saber trabalhar em equipe demonstra que a pessoa possui empatia pela opinião do outro e que está aberta a acolher novas possibilidades para concretizar coletivamente algumas atividades. Aumenta a capacidade de aprender com seus pares e a colaborar na solução de problemas do cotidiano.

Criatividade e inovação – Ser criativo é uma habilidade essencial. Envolve mudar a forma de observar, pensar e trabalhar para remover os obstáculos, trazendo soluções inovadoras e criativas para problemas ou situações existentes, ou seja, não é apenas para inventar algo novo. É propor soluções eficientes recorrendo a diversas áreas do saber. Precisa ser trabalhada o tempo todo para ser desenvolvida.

4.2.3 Conhecimentos, habilidades e atitudes na catequese

A proposta de trabalhar com as competências, habilidades e atitudes na catequese, integrando-as ao cotidiano da prática educativa do catequista, não requer condições especiais nem recursos de custo elevado.

O uso da tríade CHA necessita apenas de disposição e do espírito de iniciativa do catequista. Não queremos estabelecer uma receita. O importante é que o catequista se aproprie dessas ideias para tornar o encontro de catequese mais convidativo. Trabalhar com competências e habilidades significa valorizar a experiência e estimular o desenvolvimento dos catequistas por meio de um processo formativo que lhes permita associar *o saber, o saber fazer e o saber ser com.*

Evidentemente, esse trabalho não virá corresponder a todas as expectativas nem solucionar todos os "desalentos" da catequese. Queremos apenas que o catequista deixe de ser doutrinador da absorção pura e simples de conteúdos para ser um verdadeiro mensageiro da Palavra de Deus, com simplicidade e dignidade, coragem e otimismo e, assim, possa transformar a sua vida e iluminar a das outras pessoas.

Tudo isso implica uma mudança não pequena por parte da catequese. Portanto, trabalhar competências e habilidades na catequese é colocar, a todos os envolvidos no processo ensino e aprendizagem, a possibilidade de enfrentar os desafios extracatequese.

Ao focar o processo de ensino e aprendizagem para o desenvolvimento de habilidades é preciso que a catequese inclua entre as suas prioridades a de ensinar a comparar, analisar, discutir, descrever, estabelecer relações, argumentar, discernir, conhecer e valorizar o patrimônio da fé, narrar, desenvolver processos criativos, pesquisar, experimentar... entre outras habilidades cabíveis, a ação catequética. Caso contrário, o foco tenderá a permanecer no conteúdo, sem considerar as competências e habilidades tão necessárias ao bom desenvolvimento e transmissão da mensagem evangélica. Daí a importância de se considerar o desenvolvimento das habilidades em estreita sintonia com o conteúdo e as metodologias que propiciem o saber fazer do catequista junto a seus catequizandos.

A diferença que existe em se trabalhar as competências está na forma diferente com que os conhecimentos e as informações são apresentados, atribuindo-lhe um significado, uma contextualização, com a vida e com a realidade, na qual o catequista e catequizando estão inseridos.

Trabalhar competências não é ir passando de um conteúdo para outro, é antes explorar esses conteúdos com a perspectiva de orientar sua aplicação no cotidiano, de forma que os saberes permitam a resolução de situações-problema, compreender a realidade e apropriar-se dos conhecimentos para desenvolver atitudes sociotransformadoras. As competências e as habilidades são importantes para a ação catequética se desenvolver de modo eficiente. Daí a necessidade daqueles que promovem a formação de catequistas primarem em:

1. Identificar a situação dos catequistas da comunidade

Para isso, é essencial realizar um levantamento para identificar quais são as potencialidades e fragilidades da prática catequética, reunindo informações que permitam promover uma formação que ajude os catequistas a desenvolver competências e habilidades para interagir com seu grupo de catequese. Nesse processo, sabe-se que existem diferentes níveis de domínio de uma competência. Por exemplo, se todos os catequistas que possuem dificuldades em relacionar-se com seus pares ou com o grupo de catequese não receberem uma formação sobre o respeito às diferenças para desenvolverem a competência de trabalho em equipe, o processo catequético será prejudicado, isso, porque os agentes e interlocutores da ação catequética são pessoas de culturas distintas, o que requer habilidades comunicacionais e relacionais para unir a diversidade em torno dos objetivos próprios da catequese.

2. Orientar o planejamento da prática catequética

O processo de orientar o planejamento requer ações que envolvem palestras, cursos e, especialmente, reuniões de acompanhamento para ajudar os catequistas na apropriação de conhecimentos, habilidades e atitudes necessárias a prática catequética. Além disso, é necessário garantir a compreensão de que um planejamento envolve diversos elementos, tais como: orçamento, cronograma, um plano de ação detalhado (MANTOVANI; MACHADO, 2022).

4.2.4 Pensemos na nossa realidade como catequistas

Mudar o foco para o desenvolvimento de competências e habilidades implica, além da mudança de postura da catequese, um trabalho pedagógico integrado em que se definam as responsabilidades de cada um nessa tarefa. Um grande obstáculo, aqui, é que nós, catequistas, podemos ter dúvidas sobre em que consiste, realmente, uma determinada habilidade e mais ainda sobre como é possível desenvolvê-la. Isso representa o desafio de contribuir para uma mudança significativa na prática da catequese. Naturalmente, essa mudança de foco atinge também a questão - sempre complexa - da avaliação e autoavaliação.

O que torna um catequista competente?

Ter conhecimentos profundos, saber responder uma pergunta inesperada de um catequizando, conseguir realizar um encontro de catequese com clima agradável...? Todas essas questões são desejáveis e poderíamos listar muitíssimas outras, no entanto, não são suficientes, pois a competência de ser catequista vai além. Trata-se de quem sabe dar o sentido ao que se crê e ao que se reza, unindo fé e vida. Dar significado à fé no âmbito da vida cotidiana. Essa é a postura de um catequista que se deixa formar pelo viés das competências e habilidades.

No entanto, a pergunta mais importante que surge é: o que o catequista precisa fazer, então, para assumir esse novo papel?

Para que isso aconteça, é preciso que o catequista compreenda que assumir o seu papel nessa perspectiva requer responder à pergunta: quais competências se espera do catequista e como desenvolvê-las? Contribui na busca de resposta as orientações de Perrenoud (1999), que embora destinadas ao cotidiano de nossas escolas podem ser adaptadas para a catequese, a partir das quais entende-se que é essencial o catequista dominar oito competências. A saber:

1. *Organizar e dirigir situações de aprendizagem*: o bom catequista não é apenas aquele que informa os conteúdos, mas conhece os meios para propiciá-los, adaptando-os ao nível de seus catequizandos e às condições ambientais que dispõe; superar a postura de propor os conteúdos sem refletir o que ensinar, porque ensinar tal tema; ficar atento aos saberes que os catequizandos trazem consigo; planejar numa sequência lógica e progressiva; envolver os catequizandos em atividades de pesquisa...
2. *Administrar a progressão das aprendizagens:* conceber e ajustar as situações-problema ao nível e possibilidades dos catequizandos; adquirir uma visão ampla dos objetivos; contextualizar o conteúdo; observar e avaliar os catequizandos, no sentido de como estão se apropriando do conhecimento e desenvolvendo atitudes; avaliar o resultado dos encontros e das competências em todas as oportunidades.
3. *Conceber e fazer evoluir os dispositivos de diferenciação:* oportunizar aos catequizandos com dificuldades e níveis de aprendizagem diferentes encontros adequados à sua compreensão.
4. *Envolver os catequizandos:* mostrar entusiasmo pelo que ensina, suscitando o desejo de aprender; fazê-los sentir protagonistas do processo de educação da fé e não meros receptores de conteúdos e habilidades; oferecendo estratégias diferentes.

5. *Aprender a ensinar e a trabalhar junto com outros catequistas:* elaborar projetos pedagógicos-catequéticos; identificar metodologias inovadoras para atender a realidade dos catequizandos; analisar situações complexas e definir ações para atuar.
6. *Dominar e fazer uso de novas tecnologias:* elas não podem ser vistas mais como recursos. Vieram para ficar, portanto, é importante explorar as suas potencialidades didáticas e usá-las como ferramentas.
7. *Vivenciar e superar os conflitos éticos e administrar sua formação continua e permanente:* construir formas de conduta tendo como princípio as relações interpessoais; atuar utilizando expressões e conceitos que possibilitem expressar a necessidade de lutar contra as formas de preconceito e discriminação; desenvolver o sentido da responsabilidade, da solidariedade e da justiça.
8. *Administrar sua própria formação:* participar do processo para enriquecimento mútuo perseverando na formação permanente, continuada.

Essa lista proposta é apenas uma iniciativa. Mais importante do que discutir a quantidade de competências que parecem ser relevantes, é preciso escolher aquelas que podem ser adaptadas à realidade da catequese e, naturalmente, fazer parte do planejamento formativo dos catequistas. Além disso, é necessário considerar, na formação integral de catequistas, as seguintes dimensões:

O SER DO CATEQUISTA E O SABER SER COM – o catequista, antes de tudo, precisa apresentar uma maturidade humana e cristã condizente com seu papel de educador da fé. Essa maturidade humana e cristã é a base do perfil do catequista onde se revela toda sua espiritualidade. Mais do que ser competente por seus conhecimentos e seu uso criativo de metodologias para cumprir sua missão, é necessário que ele se defina por seu *ser* como educador e testemunha da fé. Enquanto educador da fé, deve demonstrar não apenas ser alguém que é mestre, mas principalmente ser alguém que torna visível aquilo que crê, ou seja, sendo o modelo de cristão que age de acordo com o que professa, o daquele que crê. Sua espiritualidade deve possuir, de forma adulta, o sentido de pertença, sensibilidade comunitária e consciência missionária. Não só isso, deve se identificar com seu povo, com sua gente, aberto as situações reais com sensibilidade cultural, social e política. Somente pessoas inseridas na realidade do mundo serão capazes de dar respostas às exigências do mundo atual. Portanto, o catequista opera em comunhão, a serviço e com a ajuda da comunidade eclesial (cf. DC, n. 139-143).

O SABER – para o desempenho da tarefa catequética é necessário o conhecimento da mensagem de Jesus Cristo e de sua Igreja, assim como conhecer os interlocutores da catequese, seja no nível pessoal, comunitário ou social (cf. DC, n. 143-147). O conteúdo da sua formação bíblico-teológica-litúrgica deve permitir ao catequista *"dar razão de sua fé"* (cf. 1Pr 3,15). Além dessa sólida formação, é imprescindível conhecer a problemática pastoral da Igreja a que pertence, ou seja, o contexto sociocultural em que se situa sua ação catequética. Isso requer atenção e cuidados pela integridade dos conteúdos: "quem se faz discípulos de Cristo tem direito de receber a palavra de fé, não mutilada, falsificada ou diminuída, e sim completa e integral, em todo seu rigor e vigor" (CT, n. 30).

O SABER FAZER - essa dimensão requer, por parte do catequista, conhecimentos pedagógicos e didáticos para gerar o desenvolvimento de conhecimentos, atitudes e habilidades que apoiarão o conhecimento objetivo do itinerário catequético (cf. DC, n. 148-150). No entanto, tão importante quanto o saber é a capacidade de resolver problemas mediante a aplicação dos conhecimentos adquiridos em diferentes situações - *o saber fazer*. Isso requer que o catequista seja protagonista de sua aprendizagem sob a luz da criatividade, e não apenas da mera assimilação de regras externas. Assim sendo, a formação do catequista deverá ser muito próxima da prática catequética.

Essa breve descrição sobre as dimensões da formação contribui para caracterizar o perfil do catequista, levando em conta o processo de formação para ampliar e aprofundar os conteúdos e a mensagem a ser transmitida, atendendo as verdades da fé. Para isso, é importante refletir sobre os conteúdos e competências essenciais à formação de catequista relevando as dimensões mencionadas: *saber, saber fazer, saber ser e saber ser com.*

Tudo isso é resultado de reflexões que oferecem trilhas de aprendizagem a serem percorridas por assessores, coordenadores e formadores de catequistas, assim como pelo próprio catequista, que sempre está em busca do "novo" na catequese. Contudo, precisamos lembrar que é um processo de formação exigente, de trabalho contínuo e requer muita fé, perseverança e desprendimento que, nos dias atuais, envolve conhecimento, habilidades e atitudes para levar a mensagem de Jesus Cristo a "todos os cantos do mundo" (cf. Dt 32,26; Is 11,12).

4.3. Formação humana integral e as áreas do saber

Podemos imaginar a formação integral do catequista como uma escola que dura a vida inteira, por isso, permanente; uma escola particular, cujo conteúdo é representado pela mensagem de Jesus, onde é evidenciado o que é necessário saber para desempenhar sua tarefa catequética.

O coração desse conhecimento é Jesus, o Cristo, que nos revela o Pai pedagogicamente (aos poucos), seu amor pelo próximo, aos excluídos, aos famintos, aos doentes, as crianças, aos idosos... com os quais somos chamados a identificar-nos.

Sabemos que a FORMAÇÃO BÍBLICA é a base de todo o ensino catequético, no entanto, também faz parte a FORMAÇÃO DOUTRINAL que, de acordo com os níveis da formação, desenvolverá o Creio em seu conteúdo integro e essencial. Estará presente a Doutrina Social da Igreja, assim como a formação ético moral, seja em nível pessoal, comunitário ou social, onde se define os valores cristãos a partir do ensinamento de Jesus.

Destaca-se, também, nesse processo a FORMAÇÃO LITÚRGICA, que apoiará a catequese na Celebração Eucarística e na preparação e recepção dos Sacramentos. Essa formação ajudará os catequistas e catequizandos a viver a centralidade de Cristo no Ano Litúrgico e a animar, a partir desse itinerário de fé, sua própria espiritualidade. A celebração litúrgica, sendo o ponto alto da presença de Deus no meio de seu povo, é o momento principal para a catequese, pois ajuda o crescimento da fé dos catequistas e de toda a comunidade. A formação litúrgica não pode se descuidar do que lhe é muito precioso, a ligação *liturgia e vida*, sendo uma experiência encarnada na realidade que aproxima do mistério celebrado, pois para Cristo ser reconhecido na celebração precisa ser reconhecido primeiro na vida.

No que se refere a contribuição das CIÊNCIAS HUMANAS E SOCIAIS para a formação dos catequistas pode-se considerar o grande ensino de Jesus ao dirigir-se ao povo de seu tempo. Ele sentiu que as estruturas sociais e políticas do seu tempo eram injustas e que o povo sofria opressão e marginalização (pagãos, samaritanos, mulheres, publicanos, crianças...). Diante disso, Ele ensinou a construir uma sociedade justa e fraterna: testemunhando amor pelos menos favorecidos; demonstrando a necessidade de se estar atentos a quem precisa de nossa ajuda; denunciando o apego às riquezas (Lc 19,24-27;16,19-31), o acúmulo dos bens, como gesto de egoísmo (Lc 12,18-20); ensinando o serviço desinteressado à comunidade, destacando-se simples servo (Jo 13,13-15); anunciando a mensagem de vida nova, assumindo a linguagem e costumes do povo daquela época; apresentando-se como um judeu piedoso e condenando a religiosidade fingida que não tem compromisso; pregando o culto ao Deus do Amor e da Verdade, com sinceridade.

Assim como Jesus utilizou dos aspectos social-político-econômico de sua época para apresentar sua mensagem de vida e de fé para todos, hoje, contamos com o auxílio das ciências modernas, em especial as Ciências Humanas e Sociais (Sociologia, Antropologia, História, Geografia...), para realizar essa leitura da realidade. Essas ciências contribuem para que o educador da fé compreenda melhor as relações sociais e as instituições presentes na sociedade, bem como dota esses educadores da consciência de seus direitos e deveres enquanto cidadãos e fazê-los conhecer a pessoa concreta e o contexto sociocultural em que vivem.

É práxis nas Ciências Humanas e Sociais abordar temas que vão nos sendo apresentados e atualizados conforme a sociedade vai evoluindo. Temas como cultura, etnias, raça, gênero, etnocentrismo, conflitos, cooperação, direitos humanos, identidade, preconceito e tolerância fazem parte do nosso cotidiano. Ora, o aluno que entra em contato com essas realidades na escola é o mesmo catequizando que frequenta a catequese. Enquanto no ambiente escolar ele analisa e debate tais temas, na catequese não pode ficar apenas na mensagem pela mensagem evangélica sem trazer, ou pouco trazer, para a realidade o que, de fato, acontece no mundo. Compreender a pluralidade social e saber se relacionar com o mundo são questões fundamentais para seu testemunho na sociedade.

As experiências deixadas por Jesus servem como luz e modelo para a ação da catequese. Vistas com o olhar de hoje podem potencializar o sentimento de valorização do bem comum e da coletividade, no sentido de combater o individualismo crescente na sociedade. Essas experiências contribuem para refletir sobre o mundo globalizado, de informação e expansão da cultura digital, e sobre as demais questões que cercam a dinâmica sociocultural à luz do Evangelho.

Não se pode esquecer que os catequizandos estão imersos nesse mundo globalizado, simbólico e real. Eles convivem com temas e situações como: a escassez de água, o desmatamento de áreas verdes, o uso de transportes alternativos, não poluentes, as lutas pela despoluição dos rios e fontes, a preservação das florestas, o reconhecimento do estilo de vida de diferentes povos e culturas, dentre outros. Esses temas e situações são discussões presentes no cotidiano e que a catequese precisa inserir no seu planejamento, articulando-as a uma lista de competências gerais e específicas a serem desenvolvidas em cada etapa da catequese.

Nesse contexto, a adoção de temas como o estudo sobre a diversidade também traz novos paradigmas para a catequese como, por exemplo, a situação dos povos indígenas e dos afrodescendentes, assunto tratado na Campanha da Fraternidade de 1988. Esses exigem estabelecer relações com a história de outras sociedades, em distintos tempos e lugares, com vistas ao enfrentamento dos preconceitos e das hierarquias e relações de poder. É um voltar-se para a cidadania, ou seja, pensar global para agir local, em vista da dignidade da vida.

Também é preciso promover uma reflexão em âmbito político-econômico. O que é política? Política é a atividade desempenhada pelo cidadão quando exerce seus direitos em assuntos públicos através da sua opinião e do seu voto. É também a arte ou doutrina relativa à organização do Estado, o responsável por essa missão é o governo, pois vivemos em sociedade e nem todos os seus membros pensam igual. O governo tem várias atribuições, dentre elas garantir o funcionamento da economia e da justiça, assegurar a defesa do território e o bem-estar dos cidadãos. Cabe a ele também resolver problemas específicos da sociedade, que necessitam de uma solução particular através de políticas públicas que beneficiem a população, tal como a Campanha da Fraternidade de 2019 refletiu. Deve garantir uma reestruturação da sociedade, a fim de assegurar condições mínimas de cidadania como habitação, saúde, educação e consciência ecológica, o que chamamos de políticas sociais.

O que é economia? A economia é um estudo sobre finanças, dinheiro e investimentos. A economia, também conhecida como política econômica – fornece conhecimento e intuições fundamentais sobre o funcionamento das atividades econômicas das sociedades e da economia global, ajuda-nos perceber as decisões dos indivíduos, das famílias, das empresas e de comportamentos humanos, dos conhecimentos e das crenças dos indivíduos e dos grupos, das estruturas das sociedades e da disponibilidade de recursos. Assim, podemos perceber que política e economia caminham juntas, pois estabelecem relações de poder e de resolução de situações sociais ligadas à vida do ser humano, como foi abordado pela Campanha da Fraternidade de 2010.

Vemos, então, que a política vai muito além de um partido político, profissionais e instituições. Por envolver toda a vida da coletividade e seu destino, e não grupos de interesses específicos, deve ser regida por uma ética-moral, coisa que nem sempre acontece. A ética-moral da política, consequentemente, não pode ser diferente da ética da vida pessoal. Nessa perspectiva, deve acontecer a formação do catequista. É importante o exemplo da vida de Jesus. Ele viu gente sendo explorada, o empobrecimento dos irmãos, tensões e conflitos de interesses de grupos; religião opressora, mulheres e crianças marginalizadas... e não se calou, nem foi conivente, mas colocou-se a serviço da dignidade da pessoa humana e do bem comum em sociedade, como ajudou a compreender a Campanha da Fraternidade de 2015.

Os compromissos com a comunidade fazem parte, indispensável, da vivência da fé, da moral e da ética. A conversão contínua leva a pessoa a assumir os valores evangélicos e as exigências de Cristo. O amor, o respeito, a misericórdia, a fraternidade, a partilha e a justiça são os grandes valores do Evangelho. Essas normas básicas do Evangelho ajudarão o catequista a acertar a sua caminhada ou a caminhada da comunidade, principalmente no campo da justiça.

Na formação do catequista, também é importante considerar o valor da consciência; ter visão renovada dos mandamentos, lembrando o mandamento do amor, como o maior dos mandamentos; conhecer a ética da sociedade, quer dizer, saber o que é considerado como certo pela sociedade, entender que o sentido do pecado é romper com o projeto libertador de Deus e que o pecado tem consequências pessoais e sociais; comprometer-se com a Igreja em transformar as estruturas de pecado em justiça e fraternidade; conhecer o sentido da lei como caminho para Jesus, o verdadeiro objetivo da catequese.

Além desses temas, é preciso aprofundar o conhecimento de psicopedagogia para contribuir no processo educativo da fé, visando a formação integral da pessoa humana. O catequista precisa ser fiel não só a Deus e à Igreja, como também ao ser humano. Por isso, para conhecer bem a forma de pensar e de agir dos catequizandos, como pessoas e membros da sociedade, é igualmente importante apropriar-se dos conhecimentos da psicologia, da pedagogia e de outras Ciências Humanas. Para isso, precisa estabelecer um caminho metodológico de formação que o ajude na transmissão da fé. E a melhor metodologia é a de Jesus: um agir de quem viveu aprendendo com sua comunidade e orientou a viver conforme as bem-aventuranças.

A formação do catequista exige uma caminhada perseverante no estudo e na prática sustentada por elementos significativos, tais como: o uso da comunicação para anunciar com clareza a mensagem do Evangelho, sabendo adaptá-la à metodologia e às diferentes condições e situações da realidade.

4.4 Exercícios de formação para o catequista

As questões atuais da sociedade globalizada trazem para o ser humano diferentes impasses, diante dos quais sente-se sem condições de controlar as situações mais elementares da vida cotidiana. Tudo nos parece permitido. Os valores e a ética cristã correm o risco de corrosão e de não serem levados a sério pelas pessoas.

Considerando essa reflexão, as informações e conteúdos desse capítulo, elencar: temas que considera válidos para serem estudados e refletidos na catequese; justificar sua importância e/ ou necessidade; identificar quais habilidades podem ajudar o catequista a desenvolver-se.

Temas de estudo e reflexão	Importância/ Necessidade	Habilidades

Referências bibliográficas

ALBERICH, E. *Catequese evangelizadora:* manual de catequética fundamental. São Paulo: Salesiana, 2004.

ANTUNES, C. *Como desenvolver as competências em sala de aula*. Petrópolis: Vozes, 2001.

ANTUNES, C. *Trabalhando habilidades, construindo ideias*. São Paulo: Scipione, 2001.

BALBINOTI, R. *Aprender a ser, cuidado com a vida e sentido do ser*. São Paulo: Paulinas, 2015.

BENTO XVI. *Carta Apostólica sob a forma de* Motu Proprio Porta Fidei. São Paulo: Paulinas, 2011.

BENTO XVI. *Exortação Apostólica pós-sinodal* Sacramentum Caritatis – Sobre a Eucaristia, fonte e ápice da vida e da missão da Igreja. São Paulo: Paulinas, 2007.

BENTO XVI. *Exortação Apostólica pós-sinodal* Verbum Domini – Sobre a Palavra de Deus na vida e na missão da Igreja. São Paulo: Paulinas, 2010.

Bíblia Sagrada. Petrópolis: Vozes, 2001.

CATECISMO DA IGREJA CATÓLICA. São Paulo: Loyola, 2000.

CENCINI, A. *Formação permanente*: acreditamos realmente? São Paulo: Paulus, 2012.

CONCÍLIO VATICANO II. *Constituição Dogmática* Dei Verbum. Petrópolis: Vozes, 1969.

CONCÍLIO VATICANO II. *Constituição Pastoral Gaudium et Spes* – Sobre a Igreja no mundo de hoje. Petrópolis: Vozes, 1969.

CONFERÊNCIA NACIONAL DOS BISPOS DO BRASIL. *Campanha da Fraternidade 2019*: Manual. Brasília: Edições CNBB, 2018.

CONFERÊNCIA NACIONAL DOS BISPOS DO BRASIL. *Campanha da Fraternidade 2015*: Manual. Brasília: Edições CNBB, 2014.

CONFERÊNCIA NACIONAL DOS BISPOS DO BRASIL. *Campanha da Fraternidade 2010*: Manual. Brasília: Edições CNBB, 2009.

CONFERÊNCIA NACIONAL DOS BISPOS DO BRASIL. *Campanha da Fraternidade 1988*: Manual. Brasília: Edições CNBB, 1987.

CONFERÊNCIA NACIONAL DOS BISPOS DO BRASIL. *Catequese Renovada:* orientações e conteúdo. São Paulo: Paulinas, 1983.

CONFERÊNCIA NACIONAL DOS BISPOS DO BRASIL. *Diretório Nacional de Catequese.* São Paulo: Paulinas, 2006.

CONGREGAÇÃO PARA O CLERO. *Diretório Geral para a Catequese.* 5. ed. São Paulo: Paulinas, 2009.

CONSELHO EPISCOPAL LATINO-AMERIANO. *Documento de Aparecida*: Texto conclusivo da V Conferência Geral do Episcopado Latino-Americano e do Caribe. Brasília: Edições CNBB; São Paulo: Paulina; Paulus, 2007.

DEL PRETTE, A. & DEL PRETTE, Z.A.P. *Habilidades sociais, o modelo de Jesus.* Petrópolis: Vozes, 2011.

FRANCISCO. *Audiência Geral.* Roma, 02 de set. 2015. Disponível em: <https://www.vatican.va/content/francesco/pt/audiences/2015/documents/papa-francesco_20150902_udienza-generale.html> Acesso em: 21 ago. 2022.

FRANCISCO. *Carta Apostólica sob a forma de* Motu Proprio Antiquum Ministerium. São Paulo: Paulinas, 2021.

FRANCISCO. *Exortação Apostólica pós-sinodal* Evangelii Gaudium – Sobre o anúncio do Evangelho no mundo atual. Brasília: CNBB, 2013.

FRANCISCO. *Mensagem do Santo Padre Francisco para o VI Dia Mundial dos Pobres.* Roma, 13 de jun. 2022. Disponível em: <https://www.vatican.va/content/francesco/pt/messages/poveri/documents/20220613-messaggio-vi-giornatamondiale-poveri-2022.html> Acesso em: 12 ago. 2022.

GIL, P.C. *Metodologia catequética*: caminhos para iluminar e comunicar a fé. Petrópolis: Vozes, 2021.

JOÃO PAULO II. *Carta Apostólica Novo* Millennio Ineunte. 6. ed. São Paulo: Loyola, 2001.

JOÃO PAULO II. *Exortação Apostólica pós-sinodal* Catechesi Tradendae – Sobre a Catequese no nosso tempo. 15. ed. São Paulo: Paulinas, 2006.

JOÃO PAULO II. *Exortação Apostólica pós-sinodal* Familiaris consortio – Sobre a missão da família cristã no mundo de hoje. São Paulo: Loyola, 1982.

Liturgia das horas. Vol 1. Petrópolis: Vozes; São Paulo: Paulinas/Paulus/Ave-Maria, 2000.

OLIVEIRA, J.L.M. *O amante, o amado e o amor* – Breves reflexões sobre o Deus de Jesus. São Paulo: Paulus, 2017.

PERRENOUD, P. *Construir competências desde a escola.* Porto Alegre: ArtMed, 1999.

PONTIFÍCIO CONSELHO PARA A PROMOÇÃO DA NOVA EVANGELIZAÇÃO. *Diretório para a Catequese.* São Paulo: Paulus, 2020.

REDE LUMEN DE CATEQUESE. *Catequese e planejamento:* organização e mística na ação evangelizadora. MANTOVANI, R.H.R.F. & MACHADO, A.P. (orgs.). São Paulo: Ave-Maria, 2022.

REDE LUMEN DE CATEQUESE. *Frei Bernardo, memória e herança*: inspirações de sinodalidade para a catequese. MACHADO, A.P.; BERTOLDI, M. & GIL, P.C. (orgs.). Porto Alegre: RJR, 2021.

ROCHETTA, C. *Teologia da ternura:* um "evangelho" a descobrir. São Paulo: Paulus, 2002.

SANTOS, J.S. & PAGNUSSAT, L.F. (orgs.). *Reflexões do Diretório para a Catequese.* Petrópolis: Vozes, 2022.

Conecte-se conosco:

facebook.com/editoravozes

@editoravozes

@editora_vozes

youtube.com/editoravozes

+55 24 2233-9033

www.vozes.com.br

Conheça nossas lojas:

www.livrariavozes.com.br

Belo Horizonte – Brasília – Campinas – Cuiabá – Curitiba
Fortaleza – Juiz de Fora – Petrópolis – Recife – São Paulo

Vozes de Bolso

EDITORA VOZES LTDA.
Rua Frei Luís, 100 – Centro – Cep 25689-900 – Petrópolis, RJ
Tel.: (24) 2233-9000 – E-mail: vendas@vozes.com.br